教育研究シリーズ第55集

新たな知を拓き［生きる力］を育む学校経営 I

全国連合小学校長会 編

第一公報社

まえがき

二十一世紀の社会は、これまで以上に変化が激しくなり、複雑で予測が困難な時代となることは明らかである。将来を担う子どもたちが、その変化に惑わされることなく、変化に主体的に向き合い、対応していくことのできる「生きる力」をどのように育んでいくかが今後の学校教育の重要課題となる。

このような状況の下、次期学習指導要領改訂に向けての動きが着実に進められている。中央教育審議会による答申、学習指導要領案の提示、告示を経て、平成三十年度からの先行実施、平成三十二年度からの全面実施へと向かっていくこととなる。今回の学習指導要領改訂では、「社会に開かれた教育課程」を目指し、「学びの地図」となるように学習指導要領の枠組みの見直しを図り、各学校の創意工夫ある「カリキュラム・マネジメント」の実現を求めている。「何ができるようになるか」（育成を目指す資質・能力）、「何を学ぶか」（教科等を学ぶ意義と、教科間・学校段階間のつながりを踏まえた指導）、「どのように学ぶか」（教科間の指導計画の作成と実施、学習・指導の改善・充実）が重視され、「主体的・対話的で深い学び（アクティブ・

ラーニング）」の視点からの学習過程の改善が求められている。また、「子供一人一人の発達をどのように支援するか」（子どもの発達を踏まえた指導）、「何が身に付いたか」（学習評価の充実）、「実施するために何が必要か」（学習指導要領等の理念を実現するために必要な方策）についても含め、新たな学校経営が求められることとなる。

全国連合小学校長会では、小学校教育の充実・発展を願い、全国の小学校長の学校経営の一層の充実のため、これまで真摯に研究と実践を積み重ね、着実にその成果を上げてきた。それらの成果を踏まえ、新たな視点からの提言や実践事例の掲載、情報の提供を行うために昭和三十七年から毎年、『教育研究シリーズ』を発刊し、今回で第五十五集の刊行となった。

一方、平成二十五年度に全国連合小学校長会は、研究主題を「新たな知を拓き 人間性豊かな社会を築く 日本人の育成を目指す小学校教育」とし、平成三十一年度まで継続研究することとしている。未来を見据えた教育の在り方を探り、確かな学力や豊かな心、健やかな体の調和を重視する「生きる力」を育む教育を実現させ、新たな価値を創造し、全ての人が心豊かに生きることができる社会を築くことのできる人材の育成を目指すためである。

この全国連合小学校長会の研究主題を受け、『教育研究シリーズ』第五十五集は、主題を「新たな知を拓き「生きる力」を育む学校経営」とした。全国連合小学校長会研究主題の具現化を図るとともに、次期学習指導要領の趣旨・内容に関する動向を踏まえ、研究主題に迫る学校経営の提言や実践を募るとともに、広く全国の会員に発信することで、小学校教育の充実、発展に資することを目指したものである。本書が全国の小学校長の学校経営に生かされることを、心から期待している。

おわりに、本書の刊行に当たりご尽力をいただいた各都道府県校長会、広報担当者、関係事務局、そして執筆いただいた各小学校長、また、編集・作成に当たられた広報部長並びにシリーズ等編集委員会の方々に、心より感謝申し上げる。

平成二十九年四月

全国連合小学校長会長

大橋　明

もくじ

第一章　これからの社会を生きるために必要なキー・コンピテンシー（ＯＥＣＤにおける主要能力）を育成する学校経営

第二章　カリキュラム・マネジメントの確立を目指す学校経営

第三章　次期学習指導要領改訂を見据えた学校経営

第四章　これからの教育課題に挑む学校経営

実践事例

序論　新たな知を拓き〔生きる力〕を育む学校経営

一　はじめに

先が見えない時代を迎えている。時代は常に変化をしている。先が見えない時代は、昔にもあったであろう。むしろ見えていた時代などあったのかどうか分からないというのが本当のところかもしれない。だからこそ、人は新しいものを求めていくのだろう。

本教育研究シリーズの論題に「新たな」という言葉が使われた最初が、第五十一集だった。それは、少し先の将来を見据えての論題決定だったと思われる。しかし、既に「新たな」ものに対応しなければならない状況が出てきている。広く世界に目を向ければ、国際的な主要国における国民の判断が多くの予想を覆すものになったという現実。人工知能が産業界に与える変化は具体的なものになりつつあり、目の前にいる子どもたちが、これまでの既成の仕事ではなく、新たな自分自身の働き方を創造し、判断をしていかなければならないという社会が間近に迫っていることを感じさせる。

さらに、そうした社会の変化に適応して「生きる力」を育成していくという目的をもち、教育界に向けての熱い期待を背負って示された次期学習指導要領の内容が明らかになった。

これからの校長は、先のことは分からないという曖昧な現実に逃げ道を求めるのではなく、未来の社会を支えていくという気概をもった子どもたちを育成していくという使命感をもって、具体的な学校経営に当たらなければならない。

本書では、「新たな知を拓き［生きる力］を育む学校経営」を主題に、当面する小学校教育の課題について、時宜を得た小学校経営への提言と事例を収録した。

二　これからの社会が求める力

教育基本法の改正により明確になった教育の目的や目標を踏まえ、知識基盤社会で重要になる子どもたちの「生きる力」をバランス良く育んでいく観点から見直しがなされたのが、平成二十年に行われた学習指導要領の改訂だった。

その改訂の上に、子どもたちの未来に目を向けて、これからの社会を創りだしていく上で必要な力について示したのが、次期学習指導要領という見方ができる。

その力というのは、解き方があらかじめ定まった問題を解く力を育むだけでなく、これから予想される加速度的な変化の中でも人間として、主体的に判断し、自ら問いを立ててその解決を目指していくものである。そこには、人間としての感性を豊かに働かせ、他者と協働しながら新たな価値を生み出していく力こそが、求められるということが言える。

ともすると時代の変化に適応していくために、新たな「流行」の中で未来を切り拓くための力に全てが向きがちである。しかし、その基盤となっているものは、学校教育における「不易」のもので育まれるということを、確認しなくてはならない。「流行」と「不易」の両方で育まれた力こそが、確実な力として定着していくということである。

三　新しい時代に対応した教育

これまでの教育は、各教科等において、教員が何を教えるかという観点で組み立てられていた。それは、今後も必要なことではあるが、それだけでは時代の変化に対応していくことはできない。その内容を学ぶことを通して「何ができるようになるか」ということを意識した指導が求められていると言える。

未来を予測する中で、進化した人工知能が、様々な判断を行ったり、身近な物の働きが、インターネット経由で最適化されたりする時代が来るということが言われている。ただ、人工知能やインターネットは、人間生活が営まれる中で、あくまでも手段であることを自覚するべきである。全てを人工知能に委ねないという原則を、教育の中で考えなくてはならないであろう。

将来の日本に限ったことで考えると、少子化と人口の大都市集中という課題に目を向けなくてはならない。その解決に向けては、それぞれの地域に対する愛着の気持ちを育て、国全体のバランスを考えた仕組みの創造につながる教育が求められる。そして、日本の伝統を見直して、その伝承が大切であるという意識を育てていくことも必要である。

四　次期学習指導要領への対応

平成三十二年度から全面実施される予定の次期学習指導要領が告示された。今回の改訂では、

「何ができるようになるか」「何を学ぶか」「どのように学ぶか」「子ども一人一人の発達をどのように支援するか」「何が身に付いたか」「実施するために何が必要か」という六点に沿って枠組みを考えていく必要性が挙げられている。これらに関わる事項を各学校の創意で組み立て、家庭・地域と連携・協働しながら実施するカリキュラム・マネジメントが求められている。

そのカリキュラム・マネジメントでは、具体的な教科等の目標や内容を「何を理解しているのか、何ができるのか」「理解していること・できることをどう使うか」「どのように社会・世界と関わり、よりよい人生を送るか」という三つの柱に基づいて整理をして、求められる資質・能力を確実に育むことができるようにすることが大切になる。

小学校においては、外国語教育について、教科の新設を行うことになっている。様々な意見はあるが、国際社会を視野に入れて、活躍する人材の育成には、この教科の新設が必要であるという意識で取り組みたい。

五　深い学びに向かう教員の意識

多くの学校現場は、次々に求められる課題への対応に追われ、教員自身が疲弊しているという状況に悩んでいる。課題の一つに、配慮が必要な子どもや保護者への対応時間の増加が挙げられる。放課後に相談の電話や直接面談をして、話す姿が、どこでも見られる現実がある。

そのような現実は、目先のことへの対応に終始するという問題につながる。その事の問題解決を考えていくことが必要であることは言うまでもない。ただ、それだけで良いはずもないことは、自覚しなければならない。

授業が大切という言葉は、多くの研修で耳にする言葉である。授業改善の試みは、多くの学校で行われている。その取組を学びの質に着目をして、更に活性化させなくてはならない。

その時に、意識しなければならないのが、アクティブ・ラーニングに象徴される「主体的・対話的で深い学び」の実現である。それは、ともすると特定の指導方法ととらえられがちである。教員が前面に出ないで、グループ学習をさせる、表面的に話し合っているように見せる授業形態をとっていれば良い、ということではない。授業においては、学習のねらいを達成させるための教員の意図は必要であり、教えるということに関わることは前提としてある。子どもが、自分と関わる人の考え方を手掛かりとしながら、自己の考えを広げ深める「対話的な学び」の実現が求められる。同時に習得・活用・探究という学びの過程の中で、知識を相互に関連付けてより深く理解し、情報を精査して考えを形成したり、問題を見出して解決策を考えたり、思いや考えを基に創造したりすることに向かう「深い学び」の実現が求められる。そのような考えに教員自身の意識が向けられなければならない。

六　新たな時代を創造する子どもの育成

これからの時代の主役になっていくのは、目の前にいる子どもたちである。これまでの既成の概念にとらわれているだけでは、新たな時代を創造していくことはできない。「社会に開かれた教育課程」を実現するという共通の理念は、未来を見据えた鍵となるものである。その実現のためには、学校だけでなく、地域・家庭はもちろん、様々な外部団体等を含めた「チームとしての学校」を効果的に機能させることによって、可能になってくる。

その中心的存在である校長の役割は、極めて重要であり、未来の社会そのものが、明るいものになるかどうかは、校長をリーダーとした学校経営にかかっていると言っても過言ではない。同じ時代を生きる人の多くが幸福感を感じるにはどうしたら良いのか。日本の子どもたちは、学力はあっても自分に対する自信が無いと言われる。身に付けた力が新たな時代の創造に結び付いていくものであるという自信につなげたい。そして、学校を起点として集団におけるより良い人間関係を築く力を、社会に広げていきたい。

全国連合小学校長会副会長
神奈川県川崎市立宮前小学校長　本　間　　俊

序　章　「新たな知を拓き「生きる力」を育む学校経営」への提言

提言

1 「新たな知を拓き［生きる力］を育む学校経営」とは

――未来を切り拓く人材育成を目指して――

秋田県大館市立城西《じょうせい》小学校長
今泉静子

一 はじめに

平成二十六年五月、有識者らでつくる「日本創成会議」の人口減少問題検討分科会から「平成五十二年（二〇四〇年）には、若年女性の流出により、全国九百ほどの市区町村が『消滅』の危機に直面する」という試算結果が発表されたことは、記憶に新しいところである。これは国立社会保障・人口問題研究所がまとめた将来推計人口のデータを基に、都市間の人口移動の状況等を加味して試算されたものである。この試算結果には、具体的な地方公共団体名が公表されたこともあり、全国的に大きな反響がみられた。

「消滅可能性都市」の分布を、都道府県別で見ると、割合が高いのは、本県、秋田県を筆頭に東北地方が目立っており、さらに近畿以西にもその割合の高い県が集中していた。この結果から、「東京一極集中の是正」や「魅力ある地方の拠点都市づくり等」について、この分科会から提言がなされたところである。

このような社会的変化の及んでいる中、平成二十七年八月に取りまとめられた中央教育審議会教育課程企画特別部会の「論点整理」は、これからの子どもについて「一人一人が自らの可能性を最大限に発揮することで、よりよい社会と幸福な人生を自ら創り出していくことが重要である」と示されている。さらに「社会に開かれた学校での学びが、子どもたち自身の生き方や地域貢献につながり、地域が総がかりで子どもの成長を応援し、そこで生まれる絆は地域活性化をもたらすことになる」と述べられている。本稿では、そのためのふるさとの未来を担う人づくりを支える教育活動や、子どもの主体的な学習を促す「探求型授業」をどのように推進していったらよいか、ということについて考えていきたい。

二　ふるさとの未来を担う人づくりを支える取組

「地方の時代」と呼ばれて久しいものの、地方からの大都市圏への人口流出はいまだ止まらず、地方の衰退は続いていると言える。地方都市の「衰退」をストップさせるという喫緊の課題に立ち向かうためにはどのような手だてがあるのか、学校を核とした地域社会との協働による地域活性化の取組という視点から考えてみたい。

1　「ふるさと教育」と「キャリア教育」との融合に向けて

各県では、ふるさとのよさ、ふるさとへの愛着心の醸成、ふるさとに生きる意欲の喚起などをねらいとした「ふるさと教育」が学校教育の共通実践課題として進められている。子どもたちに、ふるさとの歴史や伝統についての理解を深めさせ、自然や文化、人材等にふれさせることは、生まれ育ったふるさとに対する自信と誇りをもたせることにつながるものである。そして、よりよい生き方を求めた「心の教育」の充実・発展を目指したものでもある。しかし、ふるさとへの誇りや愛着が培われていても、ふるさとに根ざして自立する気概や能力が育成されていなければ、現実として、人材の流出に歯止めを掛けることはできないと考える。

現代の子どもたちは、情報や流行には敏感だが、自分で道を切り拓いていく原動力となる実体験や生活体験が乏しいと言われている。子どもたちにとって、ふるさとを舞台として行われる自然体験やボランティア活動等の社会体験、ふるさと教育の趣旨を生かして行われる各教科の学習を経験することは、子どもたちの学習意欲を高め、主体的に問題解決に取り組もうとする態度の育成につながるものと考える。「キャリア教育」という視点で考えても、地域の大人とふれあいを深め、共に汗を流し取り組むことは、子どもたちが生きていくための知恵や力となるはずである。

地域人材を有効に活用する「地域社会との協働」という視点は、これからの変化の激しい社会の中で、子どもたちが心豊かに生きるための主体性、コミュニケーション能力や表現力、人と関わる力等を育成するために、大きな意味をもつものとなるのではないか。

このように、「ふるさとの未来を切り拓く人間力」の育成のためには、ふるさとに生きる基盤を培う「ふるさと教育」と「キャリア教育」を融合させた教育活動を、学校を核として展開していくことが不可欠であると考える。地域住民の一員として、子どもたちが自分がなすべきこと、果たす役割を真剣に考え、地域への思いや願いだけに留まらず、実際の行動から、社会に貢献する喜びや手応えをつかんでいくことを目指していきたい。

2 「多様な主体（企業、NPO法人、大学等）」との連携の推進について

子どもたちの「生きる力」を育むためには、学校だけではなく、企業、NPO法人、大学等の多様な主体が、それぞれが有している役割を積極的に果たし、力を合わせて取り組んでいくことが必要である。改めて見てみると、地域には、これまで学校とあまり関わりをもたなかった企業や団体等が多数あるのではないだろうか。それらとの連携・協力を図ることで、一層、学校への新たな支援の輪が広がることとなる。

今、産学官民が一体となったキャリア教育を支える組織を基に、企業等からの要請と子どもたちの体験をつなぐキャリア体験システムが、先進的な取組として機能している。

「年間で、延べ二千五百人の小・中学生が、自分の興味・関心に基づいて体験を選び、土日や祝祭日、長期休業日を利用して活動している。職業体験やボランティア、地域イベントのスタッフとして参加でき、子どもたちは身近な大人の働く姿に直接触れることができる。職場体験のノウハウがあるかどうか、受け入れ時期により企業側の負担が大きいなど、受け入れる企業側にも課題があるのは確かである。しかしどの業界でも、後継者養成や地域貢献としての教育支援は重要だととらえており、実際、職場に子どもを受け入れてみると、企業にとってもメリットが大きいとの声があがっている。」（大館市教育委員会発行『大館ふるさとキャリア教育Ⅳ─学びの手応えと自立の気概を未来につなぐ─』より）。

このようなキャリア体験システムは、新しい出会いや交流を生み出し、子どもたちが生き生きと働く大人の姿にあこがれや尊敬の念を抱くことにもつながっている。このように、多様な主体が連携し、力を合わせていけるようにするためには、それぞれの垣根を越えて、それらをつなぐ役割を果たすコーディネーターが重要となる。広い視野をもって、企業等、多様な主体とのネットワークを構築するコーディネーターの養成・研修の充実が、今後一層求められるのである。

３　学校を核とした地域づくりの推進

地域の教育力の向上は、地域のつながりづくりにも関係すると言われている。学校を地域コミュニティの核として、人づくり、地域づくりの好循環を創出していくことが必要である。地域社会の支え合いの希薄化、人口減少の進行、多様化した学校の課題に伴う教職員の勤務負担等、子どもたちを取り巻く環境や学校が抱える課題は複雑化しており、教育改革、地方創生等の動向からも、学校と地域の連携・協働の重要性が指摘されている。

第二期教育振興基本計画（平成二十五年六月閣議決定）において、コミュニティ・スクールを全公立小中学校の一割（約三千校）に拡大するとの目標が掲げられ、今、様々な普及の取組が進められている。なお、コミュニティ・スクールに類似する取組は、この三年間で約二千校増え、五千校を越える学校で行われており、地域住民や保護者の力が、学校運営や教育活動に生かされる場が増えている。

これからの学校は「開かれた学校」から更に一歩踏み出し、地域でどのような子どもたちを育てるのか、何を実現していくのかという目標やビジョンを地域住民と共有し、一体となって子どもたちを育てる「地域とともにある学校」へ転換していくことを目指して取り組むことが必要である。

コミュニティ・スクールを推進していくためには、まず「開かれた学校づくり、学校の敷居を低くすること」に努めることから始める。そして、保護者や地域の住民からの熱心な支援を受け、学校組織の変革やプロジェクトを生み出し、学校評価の在り方にも着手していくこととなる。時には、全てゼロから始めてみようと、今までの考え方にとらわれず、進めてみようとすることも必要となるだろう。大切なのは、学校を核とした地域づくり、スクールコミュニティの形成を目指して、地域・保護者・学校が「連携・協働」した実践を続けていくことである。地域人材を活用した教育活動が進んでくると、子どもたちの学びや体験活動が一層充実する。やがて、学校のために子どもたちのためにと、自分たちにできることを新たに提案し参画してくれる人々も現れる。そして毎日誰かしらが学校を訪れ、自然体で子どものための活動をしてくれるようになっていく。このように、関わる人々の意識改革が進み好循環が生まれてくることを目指して、進んでいくことが肝要である。

それはまた、子どもたちが地域の担い手としての自覚や自己肯定感、思いやりの心を育てることにもつながっていくのである。

三　主体的な学習を促す「探求型授業」の推進

二十一世紀は、新しい知識・情報・技術が社会の基盤となる、いわゆる『知識基盤社会』の時代である。更に変化の激しい社会の中で、よりよく生きていくために必要な資質・能力の育成には、各学校の教育課程や各教科等の授業への浸透、具体化がこれまで以上に求められる。(「中央教育審議会教育課程企画特別部会の論点整理」より)

新学習指導要領のキーワードは「社会に開かれた教育課程」の実現であり、「主体的・対話的で深い学びの視点からの学習過程の改善」である。各学校ではその教育改革の内容をしっかり把握し、チームとして学校を機能させながら、学校経営に取り組むことが責務である。

秋田県では、授業の一つ一つのプロセスをしっかりと機能させ、関連付けて問題解決に向かう「探求型授業」を、「学習スタイル」として位置付けている。毎回の授業の始めに、教師と生徒が一緒に話し合って課題や目的を設定し、授業の最後の「まとめ」や「振り返り」を通して理解を深める。「今日はこういうことが分かればいいと、児童一人一人が、自分の考えや見通しをもって授業に臨む」という学習スタイルである。もちろん進めるに当たっては、教科の特性や児童の発達段階、自校の児童の実態に応じた独自の課題解決の方法を、それぞれの学校で取り入れながら、常に工夫と見直しをもって進めることが求められる。

各学校の研修を活性化させるための取組として、学校内外で積極的に行う授業公開や、校種間の相互交流、連携等が挙げられる。更により質の高い授業ができるよう、教科指導に卓越した力のある教師が、自らの勤務校の他に近隣の学校でも定期的に勤務し、指導するシステムを構築するなど、社会の変化に即応した研修の充実に向かって、行政との連携も必要不可欠と考える。

国立教育政策研究所が平成二十二年に行った調査では、全教員が研究授業を行う割合は、全国の公立小学校の七二％、中学校の四五％ということである（「教員の質の向上に関する調査研究」報告書より）。その中で、全教員が年間最低一回研究授業を実施している学校からは、「研究授業をすると、授業をコーディネートする教員の力が向上する。また不足している点や優れた点に気付き、活力ある研究会は教員相互の刺激になる。」との声が聞かれた。さらに、授業研究会をワークショップ形式で実施することで、「課題についても指摘しやすく、若年教員にとっては、同じ意見があると自信になる。」といった具体的な声も聞かれた。このように自らの教育実践の成果と課題を明確にして研修を進め、経験年数や職務に応じた実践的指導力を高めていくことが大切である。

四　おわりに

現在、各校で精力的に進められているキャリア教育は、「学ぶこと」「働くこと」「生きること」の三つの要素が融合する形で進めることが大切であり、その継続的な取組によって成果を上げることができる。そのために、まずは子どもたちが今付けるべき力は何かを常に意識し、地域社会と連携しながら授業づくりに地道に取り組むことを大事にしたい。そして、地域の幼保・小・中・高・大のそれぞれの取組についてお互いに理解し合い、日頃からその連携・交流を推進していくことが、キャリア教育を成長に応じ継続して受けていく子どもたちへの配慮ともなる。地域社会とのつながりの中で、将来に向かって子どもたちがよりたくましく生きていけるよう、ふるさとに根ざしたキャリア意識を向上させていくことが、近い将来、生き生きと働く若者として地域に定着していくことにつながるものと確信している。

提言

2「新たな知を拓き［生きる力］を育む学校経営」を創造するために

――チーム学校による芯の通った学校経営の在り方を探る――

大分県大分市立津留《つる》小学校長
三　宮　知　恭

一　はじめに

全国連合小学校長会が「新たな知を拓き　人間性豊かな社会を築く　日本人の育成」を研究主題として取り組み、五年目（平成二十八年度）となった。

本書ではその流れの中で、特に、これからの日本の社会を担っていく子どもたちに［生きる力］を育むための学校経営の在り方に焦点を当てることとした。折しも、平成二十八年八月に次期学習指導要領の方針が発表された。今回の方針は、これまでのように、幼・小・中・高など発達段階の順に発表・施行されるものではなく、大学や社会人という出口を見据えた教育への提案となっている。

［生きる力］についても、以前から求められている力ではあるが、その目指す姿や学び方・身に付けさせる方法の変化が求められている。アクティブ・ラーニングに象徴されるように、主体的・対話的に学ぶことや「学んだ知識の

量」ではなく、その上に立ち「いかに学ぶか」「どのように生かすか」が重要になってくる。また、「これからの子どもたちには、社会の加速度的な変化の中でも、社会的・職業的に自立した人間として、伝統や文化に立脚し、高い志や意欲をもって、蓄積された知識を礎としながら、膨大な情報から何が重要かを主体的に判断し、自ら問いを立ててその解決を目指し、他者と協働しながら新たな価値を生み出していく」ことが求められている。

二〇一五年十二月の中央教育審議会では「チームとしての学校」が求められる背景として、「①新しい時代に求められる資質・能力を育む教育課程を実現するための体制整備」、「②複雑化・多様化した課題を解決するための体制整備」、「③子どもと向き合う時間の確保等のための体制整備」との三点が挙げられている。つまり、学校教育目標・目指す子ども像を具現化するためには、まず、校長が明確なビジョンを立て、リーダーシップを取り、チームとして学校内外の力を結集させることが必要である。この「チーム」には、学校内の教員はもちろん事務職員や学校主事、様々な立場の職員も含んでいる。また、コミュニティ・スクールの考え方やねらいに通じる地域の方や貧困対策・家庭支援に関わる教育関係者・専門機関も含めて考えていくのは言うまでもない。

そこで、本提言で求められている「新たな知を拓き［生きる力］を育む学校経営」の在り方を創造していくために、従前から言われていることであるが、校長がビジョンを示し、ミドルリーダーが生き生きと機能するとともに、戦略や戦術を立て、「チーム」として具現化しながら進んでいく学校経営の在り方を提言したい。

二　校長の役割は学校のマネジメント機能の強化

我々校長は、子どもたちに、新たな知を拓き［生きる力］を育むべく学校全体の教育活動をマネジメントしていくべきであるが、どのようにリーダーとして組織だった経営をしていけばよいのか「リーダー」の役割から考えてみる。

学校ビジネス指南書の最高傑作の一つとされる『7つの習慣』の著者として世界的に有名なアメリカのスティーブン・R・コヴィー氏は、リーダーの役割として次の四つを掲げている。

第一の役割は、「方向性を示す」ことである。共通のビジョン・価値観・戦略を確立することであり、出すべき結果に対して、「組織の進むべき道を明らかにしていく」ことである。

第二の役割は、「組織を整える」ことである。組織の行動は、ミッション（目的）から導かれた戦略と一線化されている必要がある。そのため、リーダーは、チームのメンバーが戦略を遂行できるように組織の仕組みと環境とを整える必要がある。

第三の役割は、「エンパワーメント（湧活）を進める」ことである。チームメンバーの情熱と才能を引き出し、メンバー自らがリーダーシップを発揮できるように接し、サポートし、鼓舞することである。

第四の役割は、「模範になる」ことである。組織として長期的で継続的な結果を出すために、リーダーは人格と能力の両方で信頼される必要がある。そして、模範になるためには、トリム・タブ（小さな力で全体を動かす働き）になる、信頼を築く、第三の案を探すという三つの行動が必要となる。

コヴィー氏の唱える四つの役割は、自らが求めるリーダー像を端的に表している。また、目的をもって仕事に臨むことの大切さを示す。「仕事をさせられる石工と目的をもっている石工」の話のように、校長はビジョンを示し、教師が何のためにその教育や取組をやろうとしているのか、を理解しておくことが活動への意欲につながる。当然、取組の対象である子どもたちにも成果が現れる。

三　戦術と戦略を徹底させるためのチーム学校

1　これから求められる［生きる力］とは

様々な役職に就かれて教育改革を進め、実績を残されている藤原和博氏（現：奈良市立一条高等学校長）は著書や講演において、私たちが育てるべき力を次のように述べている。

○二十世紀は「正解」がある成長社会。「みんな一緒ならばよかった」正解主義

二十一世紀は「正解」がない成熟社会。「それぞれ一人一人の考え・成長が大切」修正主義

○また、求められる学力も情報処理力から情報編集力（知識をつなげる力）に変わり、ジグソーパズル型の学力からレゴ型（目的にあわせて組み合わせ、更に発展させる）となっていくであろう。

お気付きの方も多いと思うが、これが次期学習指導要領の「知識の量」ではなく、アクティブ・ラーニングに象徴される「いかに学ぶか」に重点を置く教育論であると言える。

2　専門性に基づくチーム体制の構築＝［生きる力］を育てるための芯の通った学校組織とは

前項二でのリーダーとしての校長の在り方の中で触れたが、校長がいくら強いリーダーシップをもっていても、一人で学校教育を進めることは、時間的にも全校児童への広がりや継続性から考えても不可能である。校長の立てた教育目標を芯として、組織的な共通部分と教員の個性を生かす特化部分がバランスよく進まなければ、子どもたちにとっては、逆にマイナス効果となる。このことは、多くの校長が経験から感じている。

専門性に基づくチーム体制の課題は、どのように業務や企画、責任を分担するかである。特に小学校では難しいと、中学校教員経験者である私は痛感するところであるが、そのことは、日本の小学校教育における総合的指導のよさと

も言える。反面、教職員内のリーダーが育ちにくく、到達点が安易なところに落ち着いたり、徹底できなかったり、担当者も多忙感から前年踏襲となり、目標達成に向けて子どもの実態に合わせた方策を提案できない向きもある。

また、若い教員が増え、専門的なことや地域のことが経験不足からまだ弱い点もある。「ふるさとを愛する」ためのふるさとのよさを把握できていない。さらに、貧困問題に代表されるように、子どもたちの生活背景は、複雑・深刻化しており、学校の力だけでは対応できない場面がでてきた。様々な症状がある特別な支援が必要な子どもが増え、インクルーシブ教育の上からも専門的なスタッフと共に、推進委員会などを開き、子どもの見取りや支援を考えていくことが有効となっている。

四　芯の通った学校経営

１　学校が一つのチームとして「芯＝学校教育目標」達成に向けて視覚化

これまで、説明してきたように、校長が明確なビジョンを示し、教職員が各自の職責や分掌に応じて、同じベクトルをもち、様々な取組を一貫性と一体性で、さらに個の教師のよさも発揮しながら進むにはどう在ればよいのか。それについて現在、大分県で進めている「芯の通った学校組織」を目指した取組を参考に考察してみる。

これは、「人事考課制度」の個人の業績評価（大分では「目標管理シート」）につながる。

「重点目標」→「達成指標」→「重点的取組」→「取組指標」の四点をセットで考える。このように表すことで、教師各自がやるべきこと、特に〇〇主任が分掌責任者として何を、どのように、どのレベルまでを目指して取り組むか、またその評価も明確となる。さらに、学校の方針や取組を理解してもらうことで、保護者や地域の方のそれぞれの役割が見えてくる。また、学校評価を行う際も、この四点セットに基づいた評価項目を立て、対象者に分かりやすい文言で学校関係者評価や保護者、第三者評価を行う。それにより学期毎の中期改善を図っていく。

学校教育目標達成のための「四点セットの具体例」（大分県教育委員会資料より）

重点目標（三つまで）	達成指標（目指す子どもの姿・数値目標）	重点的取組（目標達成への具体的な方策）	取組指標（教師側での取組）
基礎・基本の定着 多くの場合は、「知・徳・体」の三つ	○独自のチェックテストを実施し、年度当初の下位層の割合を五〇％以下にする 二つほど設定する	○全ての子どもにその時間のめあてとまとめが明確に分かる授業の徹底、構造的な板書とノート	○全教職員が学期に二回以上の互見授業に取り組む ○スキルタイムに全校で計画的に取り組む（時間・内容の明示）

2　重点目標の設定と組織づくりに当たって

①学校運営の方向性となる重点目標を示す際には、それが全教職員の共通のビジョンとなるように、できるだけ分かりやすい表現にする必要がある。抽象的であったり難解な表現であったりすると取組の質は下がってしまう。そこで、目指す方向とそれを実現するためのキーワードをできるだけ明確に具体的に示す。三つまでに絞ることが有効と考える。

②芯の通った学校組織の構築を進めてきているが、まずは、校長が示す目標に向かって組織的に取り組もうとする機運を着実に高めることが必要である。そして、各教員が目標実現に向けた効果的な方法を校長に提案していこうとする教員集団に高めなければならない。さらに、提案するまでのスピード感も必要である。子どもたちは日々成長していく。重点目標の実現に向けた戦略について、まずは校長自身がその大枠を示していく必要があると考える。校長が示した方法をやってみて、児童の成長が実感できたときに、教員はより積極的に企画し、運営

するようになる。

③学校の分掌を大きく三つ（知・徳・体の三領域）に分ける。その部会の中で細かい担当を決めてもかまわないが、分担し過ぎると校長の理念を具現化するサブリーダーが機能しなくなり、「芯」の通った教育活動が生まれにくく、前年踏襲で終わりがちになる。企画は全員が関わり、若手を実際に運営のトップに据えることが人材育成につながり、継続可能な学校経営へとつながる。

五　おわりに

これまで述べてきたように、ビジョンを明確にし、機能する組織をつくり、実働させ、R（実態・課題）・P・D・C・Aサイクルを短期や中期で回すことが、［生きる力］を育む学校経営に必要である。また、学校経営のリーダーとして、前述のコヴィー氏の言う第三の役割「エンパワーメント（湧活）を進める」ことが、特にこれからの教員の集団育成に必要である。また、四つの役割は互いにつながるので全てを意識しながら学校経営を進めてまいりたい。

提言

3　多様で変化の激しい社会を生き抜く力を育成する学校経営

――学校経営の基本的思考――

神奈川県藤沢市立大清水《おおしみず》小学校長

小木曽　貴　洋

一　はじめに

ここ数年で携帯電話がスマートフォンに替わり、それに伴いありとあらゆるソーシャルネットワークサービス（SNS）が提供されるなど、世界の情報化は急速に進展を続けている。また、日本においても少子高齢化が急速に進行するなど、変化の激しい社会の動きが展開されている。これら世の中の動きに影響を受け、子どもたちや学校教育の中にも情報化に伴う「いじめ」や「情報モラルの低下」、「不登校」や「暴力行為の低年齢化」、さらには、「子どもの貧困」など深刻な問題が目立つようになってきた。

このように将来の予測が難しい社会の中で、子どもたちがあらゆる課題に立ち向かい対応していくためには、「社会の変化に受け身で対応するのではなく、主体的に向き合って関わり合い、その過程を通して、一人一人が自らの可能性を最大限に発揮し、よりよい社会と幸福な人生を自ら創り出していくことが重要である」と、中央教育審議会教育課程企画特別部会から公表された「論点整理」の中で謳《うた》われている。

私たち大人は、子どもたちがこれからの社会であらゆる課題に立ち向かうため、子どもたちに必要な資質や能力を身に付けさせることが重要で、それを学ぶ場としての「学校」は非常に大切な役割を担っていくこととなる。ここでは、まず、多様で変化の激しい社会を生き抜く力を育成する「学校」はどう在るべきなのかを考えてみたい。

二 「学校」の意義と役割

学校は、多くの子どもや教職員、保護者や地域の人々から構成されている。その中で、社会性を身に付けるために、命の大切さを学ぶことや、自分の考えを適切に表現する能力を身に付けるとともに、他人をよく理解し思いやる力を育てる場でもある。子どもたちは、これらの学びを身に付け活用していくことで学校や地域社会の一員であることが実感できるのである。学校は、このように社会に積極的に関わっていこうとする気持ちを育成する場となる。

ここで大切なことは、学校が組織として機能していて学校としての役割を果たすことができているか、と言うことである。残念ながら、今学校では、いわゆる学級崩壊が起きてしまったり、困難を抱えた子どもや保護者への対応が迫られていたりする。その結果、教職員が精神疾患にかかり休職をやむなくしたり、教職員の多忙化につながったりと、必ずしも組織的に機能している状態であるとは言いがたいのではないか。

校長は、学校が学校としての役割をきちんと果たすために、組織として機能する学校経営を行っていくことが重要である。このような学校経営を行っていくことで、多様で変化の激しい社会を生き抜く力を育成する教育課程や、次期学習指導要領で言われている急激な社会的変化の中でも、子どもたちに未来の創り手となるために必要な知識や力を育むための教育課程の推進が可能となるであろう。

次に、本市の状況を鑑《かんが》みて、学校経営の基本的な考え方を示してみたいと思う。

三　学校経営の基本的な考え方

学校を組織として機能させるために、我々がやらなければいけないことは多いが、ここでは、特に大切と思われる四点について考えた。

1　教職員の人材育成

学校教育を充実・発展させるためには、子どもの教育に直接携わる教職員の資質能力の向上と、意欲的な実践が必要であるということは言うまでもない。先述したように、今日の学校現場では、「いじめ」「不登校」「保護者対応」など多様な課題が生じており、それらの課題に対応していくために教職員の資質能力向上は絶対に必要となるところである。

しかしながら、全国的にも数年前から、経験が豊かな多くの教職員が退職し、代わって経験の浅い若手の教職員が多く教職に就いた。これまで豊富な経験によって裏打ちされたベテラン教職員のノウハウをいかに若手教職員に伝承し、力量のある教職員に育てていくかが大切になってくる。藤沢市においても、平成十八年から二十五年度の七年間で、二十代・三十代が占める割合が小・中学校ともに二倍に増え、小学校では全体の五三・三%と半数以上になった。さらに、四十代が小・中学校ともに他の年代と比べて非常に少ないのが特徴となっている。

このような状況の中、校長として取り組むべき三点を挙げる。

まず、一点目は、校内ＯＪＴ研修（実務研修）を充実させていくことである。実践的知識や指導技術を組織的・計画的・継続的に次世代の若手教職員や中堅教職員に伝承していくことが重要である。特に教職員の多忙化が指摘される中、新たな研修の時間や場所を確保することが厳しい状況にあることから、校内で行うＯＪＴは、大変効果的であると言える。「個人の成長」とともに「学級の課題解決」をねらいとした校内研修をますます充実させることが望まれる。

二点目は、ベテランと若手教職員をつなぐ中堅教職員（ミドルリーダー）の育成である。教職員としての専門性を発揮して、ミドルリーダーとして積極的に学校運営に参画するとともに、経験の浅い教職員から相談を受けたり、指導・助言をしたりすることは、学校経営上非常に有益な手段となる。本市教育委員会でも、平成二十七年度より教職十二年目の教員を対象にしたミドルリーダー研修を行い、学校運営上の諸問題への関わりを中心にスキルアップを図っている。今後、更なるミドルリーダーとしての自覚と資質向上に期待をするところである。

三点目は、管理職の補佐役として総括教諭が学校運営に参画することである。組織的に学校運営を行うためには、総括教諭の積極的な参画は大変重要である。校務分掌のグループリーダーとして、適宜必要な情報を発信し、若手の教員を指導したり、企画会を開催し、年間の学校運営を見通して計画を立てたりと期待するところは大きい。次期の管理職を育成していくという観点からも、管理職の補佐役として意識を向上させていくことが管理職の大切な仕事となる。

２　困り感のある子への支援

これまでも学校は、社会において自立的に生きるために必要な力「生きる力」を育むために教育課程を編成し授業等で具体化してきた。今後についても「生きる力」から「生き抜く力」を育むようバージョンアップしていくことが求められているのだが、その際、必要な資質を身に付けていくことが困難な子どもがいることも併せて考える必要がある。いじめや不登校、児童虐待など子どもを取り巻く環境が多様化し、また発達障がい、行動や学習に特別な支援を必要とする子どもが増加している。このような子どもたちに対しても、一人一人の教育的ニーズに応じたきめ細かな支援をし「生き抜く力」を育めるようにしなければならない。

困り事を抱えている子どもや、その保護者の状況や原因を的確につかみ、早期に組織的な支援を行っていくことが学校運営上重要になってくる。この役目として、学校では教育相談コーディネーターを配置し対応しているところであるが、その仕事は、養護教諭や担任が兼任していることもあり、個々の担任に任されてしまうことが多く、支援が遅れてしまったり有効な支援にならなかったりすることがある。

このような状況を解消するために、藤沢市では、平成二十七年度から小学校に教育相談コーディネーターを兼務する児童支援担当教諭を配置している。児童支援担当教諭は、課題を抱える児童への支援・指導について校内でのチーム支援の中心的役割を担っており、担任等への支援、養護教諭や学年間及び管理職との連絡調整、必要な会議の開催などを行っている。残念ながら全ての学校へ配置はできていないが、早期に課題を発見でき適切な対応がとれるため事態が深刻化しないことや、学級担任一人で対応するのではなくチームで役割分担ができ、負担が少なくなること、家庭訪問や面談など保護者との連携がスムーズになるなど効果が上がっている。また、全ての教職員が、組織で対応することの大切さと、様々な課題に対応するスキルを身に付けることができるなど、学校運営上、非常に有効に機能している。

いずれにしても、全ての子どもが安心して学校生活を送ることができ、その中で「生き抜く力」を育んでいけるために、困っている子への支援は大変重要である。

３　小・中の連携

子どもたちに確かな学力を付けていくためには、幼児教育を基礎として小・中学校九年間の子どもの発達段階を踏まえた、つながりのある教育活動を行うことが重要である。一人の子どもを教育していく際、小学校六年間と中学校三年間をそれぞれのスタンスで指導・支援していたのでは、子どもが混乱し効果的な教育活動にはならないだろう。これからの多様で変化の激しい社会を生き抜く力を育むには、小・中が一体となって情報を密にし連携体制を築き上げていくことが必要になる。特に、児童指導・支援と生徒指導・支援を連携させることで、小中一貫した対応が可能となり生活指導等で効果が期待できる。

教科指導においても、次期学習指導要領から小学校では三・四年生で外国語活動、五・六年生で英語科が導入され、それが中学校の英語へと展開されることとなった。これについては、まさに九年間を見通した教育課程を編成していかなければならず、教員間の連携に努め、よりきめ細かな指導・支援を行う必要がある。

4　家庭・地域との連携

子どもたちが社会性を身に付けるため、コミュニケーション力を向上させ、お互いが認め合える人間関係を作り上げていくことは、学校教育だけでは難しい。学校を開き、学校としての考え方を保護者・地域にも知ってもらい、三者が同じ方向を目指して子どもを教育することが大事である。学校を開くということは、これまでも言われてきていることであるが、これだけ変化の激しい社会を、子どもたちが安心して主体的に生活していくための術を身に付けていくためには、なおさら、家庭や地域の協力なしでは実現が難しい。学校教育を学校内に閉じず、これまで以上に広く学校を開き、情報を発信するとともに、家庭・地域・学校間相互の連携と協働を進め、多くの目で人間性豊かな子どもを育てていく教育活動を展開する必要がある。

四　おわりに

今後、論点整理や次期学習指導要領の中で言われるだろう「これからの子どもたちに付けなければならない力」をどう育むかについて考えてきたが、一番重要なことは、子どもたちに付けなければならない力がどのようなものであろうと、まずは学校が学校としての役割を果たせるよう、常によい状態にしておくことだろう。そのために校長としてやらなければならないことは多々あるだろうが、本稿では四点のことについて提起した。これら四点は、至極当たり前のことで、どの校長先生方も既に意識して取り組んでこられたことだと思う。

しかし現在、社会の影響下で困り事を抱えた子どもや保護者は少なくない。ＳＮＳの普及とそれに伴ういじめや性犯罪の深刻化、及びコミュニケーション能力の衰退。朝食を摂らないままの登校や、放課後の居場所がないなどの貧困問題等々。これらの困り事を抱えている子どもや保護者に対して学校は適切な支援をし、安心した学校生活を送らせることができているだろうか。ともすれば、学校が既に変化の激しい社会の渦に巻き込まれて、課題重責の上でどうにも身動きできないのではないか。

今後も、社会が複雑化し変化が激しくなることが予想されるのであれば、なおさらこの四点については学校経営の根幹に据えておかなければならないであろう。どのような社会が訪れようとも、子どもを将来自立した大人にするために、学校はどのような力を身に付けさせ、そのために何を学校で学ばせるのか、という「学校」の意義をいつも考え学校経営をしていくことが、校長としての大きな使命と考える。

第一章　これからの社会を生きるために必要なキー・コンピテンシー（ＯＥＣＤにおける主要能力）を育成する学校経営

提　言

これからの社会を生きるために必要なキー・コンピテンシー（ＯＥＣＤにおける主要能力）を育成する学校経営

――学校経営において考えたいこと――

長野県上伊那郡飯島町立飯島《いいじま》小学校長
加　藤　孝　志

一　はじめに

グローバル化が社会にもたらす多様性は、技術革新や情報化が急速に進む中、子どもたちの生活を大きく変化させてきている。我々は、常にその時代に立ち向かい、その時代にあった学校の在り方を追究し、新たな学校文化を育んできた。どの時代においても、社会の変化に主体的に向き合い、一人一人がもてる力を最大限に発揮し、自己実現を図り、自他共に幸せな人生に向かう生活を創り出していく営みが大切にされてきた。これからの子どもたちにとっては、今後ますます速度を増すであろう社会変化に惑わされることなく、社会的にも職業的にも自立した人間として、伝統や文化を生かし、確かな想いや願いを抱き、体験や経験から培われた意欲や学びたいと切望する気持ちを膨らませ続けられるように支えたい。その中で、獲得した知識を生かし、多くの情報から必要なものを選択し、課題更新の連続を楽しみ、周りの人と協働しながら、新たな価値を生み出していくことが一層求められていくであろう。

学校現場においては、未来を担う子どもたち一人一人の生きる力を育み、これからの時代を生きる上で、更に求められる資質や能力を確かに育てることや、そのために必要な学校の在り方を追究し続けることがより一層大事になっている。子どもたちが、これからの新しい時代を生き抜いていくために必要な資質や能力を育むためには、学習指導要領改訂に向けて検討する中で議論されている内容にもあるように、学校がまず、社会と地域とのつながりをもちつつ、多様な人々とのつながりを生かして学ぶことができる「開かれた学校」となることが出発点である。

教育課程の編成に当たっても同様に、社会と地域とのつながりを大切にして行う必要があろう。学習指導要領改訂に向けて、教育課程企画特別部会は論点整理の中で、次のように示している。

「これからの教育課程には、社会の変化に目を向け、教育が普遍的に目指す根幹を堅持しつつ、社会の変化を柔軟に受け止めていく『社会に開かれた教育課程』としての役割が期待されている。」そのために次の三点が重要になる。

① 社会や世界の状況を幅広く視野に入れ、よりよい学校教育を通じてよりよい社会を創るという目標をもち、社会と共有していくこと。

② 求められる資質・能力とは何かを、明確化し、育んでいくこと。

③ 地域の人的・物的資源を活用したり、社会教育との連携を図ったりし、目指すところを社会と共有・連携しながら実現させること。

二〇〇三年にまとめられたOECDのプラグラム報告「コンピテンシーの定義と選択」の内容が、教育現場で大きな意味をもつようになり、生きる力を育てる上でも、確かな実践が求められ、そのための学校経営が問われるようになってきている。

本稿では、キー・コンピテンシー（主要能力）の概要について解説し、これを育成する上で学校経営として大事にしたい点について考えてみたい。

二 「キー・コンピテンシー」特定の経緯

教育の成果と影響に関する情報への関心が高まり、「キー・コンピテンシー（主要能力）」の特定と分析に伴うコンセプトを各国共通にする必要性が強調されるに至った。こうした中で、ＯＥＣＤは、プログラム「コンピテンシーの定義と選択」を一九九七年末にスタートさせ、二〇〇三年に最終報告をまとめた。このプロジェクトでは、十二の加盟国から今後どのようなコンピテンシーが重要となるのかのレポートを得て、その結果を教育学から哲学、経済学、人類学など学際的な討議を行い、三つのカテゴリーにまとめている。これはＰＩＳＡ調査の概念枠組の基本となっている。

「キー・コンピテンシー」とは、単なる知識や技能だけではなく、人が特定の状況の中で技能や態度を含む心理的・社会的な資源を引き出し、動員して、より複雑な需要に応じる能力とされる概念を指している。

二十世紀末ごろから、職業社会では、コンピテンシーという能力概念が普及し始めている。この考え方は、従来の学力を含む能力観に加えて、その前提となる動機付けから、能力を得た結果がどれだけの成果や行動につながっているかを客観的に測定できることが重要との視点から生まれてきている。言葉や道具を行動や成果に活用できる力（コンピテンス）の複合体として、人が生きる鍵となる力「キー・コンピテンシー」が各国で重視され始めている。

三　「キー・コンピテンシー」の定義と内容

前述のように「キー・コンピテンシー」とは、「単なる知識や技能だけではなく、人が特定の状況の中で技能や態度を含む心理的・社会的な資源を引き出し、動員して、より複雑な需要に応じる能力」とされており、次の三つが挙げられている。三つの能力の詳細については、後頁の資料を参照されたい。

① 社会・文化的、技術的ツールを相互作用的に活用する能力
② 多様な集団（社会グループ）における人間関係形成能力
③ 自律的に行動する能力

また、三つの能力の枠組みの中心にあるのは、個人が深く考え、行動することの必要性である。

四　「キー・コンピテンシー」を育成する学校経営にふれて

1　その中核にあるもの

ここでは、三つのキー・コンピテンシーの中核をなす「思慮深さ」を育成する学校経営について触れてみたい。ここで触れたことは、そのまま三つのキー・コンピテンシー育成につながることでもある。コンピテンシーの核心は「思慮深さ」に求められている。個人が深く考え、行動することの必要性が謳われている。深く考えることには、目前の状況に対して特定の定式や方法を反復継続的に当てはめることができる力だけではなく、変化に対応する力、経験から学ぶ力、批判的な立場で考え、行動する力が含まれる。

これは「推し量る力」と言ってもいいものであり、学校教育の中では、日々の生活や学習の中で、いろいろな集団

を経験することによって育まれてきているものであり、言語活動のなかでも大事に考えられていることでもある。今後、これまで以上に、その質が問われることになろう。

言い換えれば、体験や経験を通して培われる「推し量る力」の育ちの道筋を、実践を通して見返し、質的な向上へと結び付ける手腕が問われるのである。

学校経営を見回し、見返すとき、一つ一つの学習活動が、「推し量る力」の育ちに結び付くものになっているのかどうか、日常的に検証し、児童の姿のどこに、どのように見いだせるのか、把握することなしには学校経営は動き出せないと言える。

2　協働的な学びによる可能性の取り込み

キー・コンピテンシーの育成においても、協働的な学びがもつ可能性は大きなものであり、どのように学ぶかという視点に立って、普段の授業改善を図ることがその充実につながるであろう。

習得・活用・探求という学習プロセスの中で、問題発見・解決を念頭に置いた深い学びの過程が実現できているかどうか、他者との協働や外界との相互作用を通じて、自らの考えを広げ深める、対話的な学びの過程が実現できているかどうか、子どもたちが見通しをもって粘り強く取り組み、自らの学習活動を振り返って次につなげる、主体的な学びの過程が実現できているかどうか、これらの視点から日常の学びを見返し、学校経営にどのように位置付けていくのか、その位置付けの過程こそが問われていくであろう。

また、三つの概念を包含《ほうがん》するメタ認知（認知の認知）は、学習指導要領が目指しているアプローチに近いと言え、一つの面だけでなく、三つの面を立体的にとらえ、どう統合していくかが問われていくであろうし、これは、まさにカリキュラム・デザインであるとも言える。

今後、我々には、キー・コンピテンシーを現場に合わせてどのように噛み砕き、学校経営にどのように生かしていくか、そのマネジメント力が求められ、問われてくる。

3　学校経営へどう生かしていくか

協働的な学びを含め、「思慮深さ」「推し量る力」の育ちを、次のような道筋を通して「キー・コンピテンシー」育成の土台づくりとして進めていくことが望まれる。

① 「思慮深さ」「キー・コンピテンシー」の視点を基に現状把握をする。
② 「キー・コンピテンシー」を噛み砕き、自校に合う内容を検討する。
③ 中核となる「思慮深さ」「推し量る力」を育てる学校として、グランドデザインや教育課程への位置付けを図る。
④ 学習指導要領との関連付けを図る。
⑤ 実践とＰ・Ｄ・Ｃ・Ａサイクルによる課題更新の連続化を図る。

五　おわりに

日本・ＯＥＣＤ政策対話の中で、日本は「ＰＩＳＡの好成績で満足してしまう国も多い中で、日本が次のステップに進もうとしていることや、現在取り組んでいる学習指導要領改訂・高大接続改革の方向性について、国際的に見ても大きな改革であり、素晴らしいことである」と賛辞を贈られている。

世界的なキーワードである「キー・コンピテンシー」の視点に立ち、新たな学校経営を見いだす方向を大事にし、実践を通して学び合う機会を生かし切りたいものである。

〔参考資料　三つの能力〕

① 社会・文化的、技術的ツールを相互作用的に活用する能力（個人と社会との相互関係）

A　言語、シンボル、テクストを相互作用的に活用する能力

○ 様々な状況において、話したり書いたりする言語のスキルや、数学的なスキル等を効果的に活用する力。

〈背景〉社会や職場において十分に役割を果たしたり、他人との効果的な対話に参画したりする上で、核となる手段（ツール）

〈論点〉・初等中等教育は単なる国内問題ではなく、国際的な影響を受けていることを前提とすべき。
・今必要なのは、社会的なコミュニケーション能力。
・日常生活に結び付いた数学的リテラシーを育む必要がある。

B　知識や情報を相互作用的に活用する能力

○ 情報それ自体の本質について、例えば、その技術的なよりどころや社会的・文化的な文脈などを考慮して、批判的に深く考えることができる力。

○ 他人の意見や選択肢の理解、自らの意見の形成、意思決定、確実な情報に基づいた責任ある行動を可能とする基盤。

〈背景〉現代社会におけるサービスや情報部門の重要性、知識経営の必要性の増大の中で、情報や知識を双方向で使いこなす力が必須になる。

〈論点〉・科学的な視点に基づいてデータを検討・考察し、科学的に表現する指導が重要。

・イギリスなどの批判的に情報に接する研究なども参考可能。

Ｃ　テクノロジーを相互作用的に活用する能力

○　個人が日々の生活において、テクノロジーが新しい方法で活用できることに気付くことが第一。

○　テクノロジーには、遠隔地間の協働、情報へのアクセス、他人との双方向のやりとりなど、新たな可能性。そのためには、メール送信など、単なるインターネットの活用スキル以上が必要。

〈背景〉テクノロジーのイノベーションは、職場の内外に関わらず個人に新たな能力を要求される。

〈論点〉・コンピューターはあくまでもツールであることを教えるべき。

・科学技術のガバナンスを教えることも重要。

②　多様な集団（社会グループ）における人間関係形成能力（自己と他者との相互関係）

Ａ　他人と円滑に人間関係を構築する能力

○　個人が知人や同僚、顧客などと個人的な関係を作り出し、維持し、発展させる力。

○　具体的には「共感する力」「感情を効果的にコントロールする力」。

〈背景〉社会の安定や統合のためだけではなく、情動知能が強調されるなど、企業や経済が変化する中で、経済的に成功する上でも重要な能力になる。

〈論点〉・低学年のうちには「聞く」ということを学ばせることが大事。

・今不足しているのは「人格教育」、バランスのとれた人格形成を目指す。

B　協調する能力
○　協調に当たっては、各個人が一定の能力をもっていることが必要。グループへの貢献と個々人の価値とのバランスを図ることができる力が不可欠。また、リーダーシップを共有し、他人を助けることができることも必須。

C　利害の対立を御し、解決する能力
〈背景〉多くの需要や目標は一人では達成できず、グループの中で同じ目的を共有し、協力する必要がある。

〈論点〉目の前の仕事に一生懸命取り組み、そこから楽しみを感じる力を身に付けさせることが重要。
○　利害の対立に建設的にアプローチするには対立を否定するのではなく、それを御するプロセスを認識すること。他者の利益や双方が一定の利益を得るための解決方法への深い理解が必要。
〈背景〉家庭、職場、より大きなコミュニティで生じる紛争は社会の一側面で、人間関係に不可避の存在である。

③　自律的に行動する能力（個人の自律性と主体性）
自律とは孤独のことではなく、むしろ周囲の環境や社会的な動き、自らが果たし果たそうとしている役割を認識すること。
○　自律的に行動するとは、社会の発展に効果的に参加するためだけではなく、職場や家庭、社会生活など人生の様々な側面のそれぞれをうまくこなす上でも必要。

A　大局的に行動する能力

○　自らの行動や決定を、自身が置かれている立場、自身の行動の影響等を、理解した上で行える力。
〈論点〉　文明社会を希求した人間の発展の歴史を理解させる必要がある。
Ｂ　人生設計や個人の計画を作り実行する能力
○　人生の意義を見失いがちな変化し続ける環境の中で、自らの人生に一定のストーリーを作るとともに、意味や目的を与える力。
〈論点〉　社会の中で、自分は何をしたいのか、社会とどう関わるのか、人間の幸福な暮らしと調和や発展をどうリンクするのか考えることが重要。
Ｃ　権利、利害、責任、限界、ニーズを表明する能力
○　成文のルールを知り建設的な議論の上、調整したり対案を示したりする力。
○　自分自身の権利などを表明するためのみの力ではなく、家庭、社会、職場、取引などで適切な選択をすることができる。
〈論点〉・社会の構成員としての責任と義務を理解させる必要がある。
・法律などルールを守ることを身に付けさせることが重要。

実践事例

1　社会・文化的、技術的ツールを相互作用的に活用する能力を育成する学校経営

子ども主体の学びを目指した学校研究と教師集団の改革

北海道稚内市立稚内港《わっかないみなと》小学校長

舘野　薫

〈本校の概要〉

本校は、稚内湾の近くにあり、ウエンナイ川が流れる、児童数六十六名、教職員数二十八名の小規模校である。教育目標「深く考えやりぬく子　なかよく助け合う子　明るくたくましい子」を掲げ、平成二十六・二十七年度北海道道徳教育推進指定校。

平成二十八年度研究主題「仲間とともに主体的に学ぶ児童の育成―他との関わりを通して学びが高まる授業を目指して―」とし、学習意欲やコミュニケーション能力向上のため、課題設定とともに思考場面や交流場面を工夫し実践を重ねた。

一　学び合いを柱に据えて

1　心育ちの上に

平成二十七年度までの児童の心を育てる道徳の研究は、子どもたちの素直さや大人に対する信頼という形で確かな財産となっていた。しかし、授業全般では教師の「無駄な語り」が多く、一斉指導に偏ることでの弊害が多く見られた。

平成二十八年度の校内研修のスタートに当たり、教師集団で確認したのは「学び合い」という方向性であった。ここには教師集団に「子ども主体の授業へ脱皮したい」という強い思いがあり、これはまた、同じ中学校区三校（港小・南小・南中）共通のテーマでもあった。

2　手探りからのスタートと教師の模索

年度当初の研修の場で、新たな三年次の研究に入るに当たり「学び合いをどう進めるか」という話し合いをした。ここで、校長として話した観点の第一は「一人残さ

ず学びが成立する授業をつくろう」ということだった。

赴任して一か月ではあったが、授業の枠組を根本的に変えていかなくてはならないという思いに駆られていたからである。現在、四十五分の授業に求められるのは「何をどう学び、何ができるようになるのか」ということであり、そのために教師は指導計画や課題・指示・発問などを整理する。

しかし、これらをスムーズに日々こなしていくためには、教材や単元を一コマ一コマの授業に落とし込み、効率的にこなしていくという従来型スタイルに落ち付かざるを得ないというのも実情である。さらに、子どもの実態や思考は多様であり計画通りに進まないことは多い。ここに教師のジレンマが生じる。

「豊かに学ばせたいがしかし、子どもにゆだねることはできない」という悩みである。

「一人残さず学びが成立する」ということは「学びの多様性が尊重される」ということに他ならない。

授業という四十五分の中では、一人一人の子どもが自由に考え、思考を深めるということが土台となる。

しかし、実際は、「教師のスピードについてこられる子どもを相手に流す授業」であったり「教師の求める正解をいいタイミングで発言できる子どもでつなぐ授業」であったりした。

教室に流れる時間は「キッチンタイマー」で細かく分断され、それが鳴り響くと子どもは条件反射的に鉛筆を置き、「思考を停止」する。

このような「教師主体」「教師の都合優先」の授業が綿々と続いていた。

一学期「学び合い」を柱にスタートしたが、「どうすれば学び合いとなるのか」という形への意識（具体的手法への依存）と焦りが教師集団には強かった。

「何のための学び合いか」という自分たちへの問い直しが弱い中のスタートであったからである。

3　種をまく

校長から提示した学び合いに対する第二の観点は「学び合いとは手段である」ということだった。

つまり、目的は「一人一人に豊かな学びが成立すればよい」わけであり、そのために共同的な学び＝学び合いが組織されるというのが基本である。

具体的な手法をあれこれと提示しなかった理由は、「教師の主体性を育てるため」であった。

最初から指導書などに頼るのではなく、「なぜそれが必要なのか」を自分の頭で考える習慣をもってほしかったからである。

ほとんどの教師に「共同的な学びへの不慣れ」が存在した。

教師主体の一斉授業を長年にわたり続けてきたスタイルの中に、「子ども主体の授業展開」がすぐに入り込みづらかったのはいわば想定内のことであった。

授業における「子どもの沈黙」は「授業の停滞＝思考停止」ととらえてしまい、教師がひたすら授業を流すための喋りに専念するということも当然であった。

それでも教師たちは、学び合いにおけるいくつかの手法や形態を試み始める。

それは話し合いでの「ペア」であり「四人グループ」であり「自由に立ち歩いての教え合い」であった。

4　見え始めた変化

試行錯誤の時期が続いたが、一学期から二学期にかけて行われた交流授業の取組で全ての担任が授業を公開した。

採用二年目の教師は一年生の算数の授業を公開した。立体の授業を机と椅子を排したフロアを使って四グループで展開するものだった。

教室空間の編み直しとも言える大胆な授業はそれだけで子どもたちの活発な思考を予想させるものだった。

家から持ち寄った大量の紙箱（立方体・直方体・円柱）や教材の球体などを「四つのグループに分けてそれぞれに名前をつけよう」という内容だった。

全ての子どもが時間いっぱい学びに集中する画期的な授業となった。ちなみに昨年度は授業づくりにも自信がもてない場面が多かったという。

この若手教師は平成二十八年九月一日に行われた札幌北白石小学校における「学びを深める会」という公開研究会（南三校の校長も参加）に参加し、三十二名の一年生がペアで学び合う場面を直接見てきていた。自分の学級の三倍もの一年生が、おだやかにそして深く学ぶ様子に驚き、感動したことが彼女の授業改革を一歩進めたに違いない。

ベテラン教師の中にも変化が現れてきている。どうしても「授業のノリ」を優先させる傾向から脱しきれなかったベテラン教師は、児童に考えさせる時間をほとんど取らせないほどよくしゃべった。

児童は「教師の語りをおもしろがって聞く」が、内的な「解決に向けてのベクトル」はなかなか見えてこない授業がほとんどだった。

また、子ども同士の関わり合う時間がほとんどなく、「深まりのない授業」に終始していた。

大きく変化したのは前述の一年生の算数の授業を参観してからだった。

まず、「質の高い課題」を取り上げる工夫に取り組んだ。教室全体で一瞬にして答えが出るようなものではなく、「周囲に相談しないと糸口がつかめないレベル」のものをまずは算数を中心に提示していった。板書を書き写すことに大量の時間を費やしていたところから、カードに課題を印刷してすぐにノートに貼らせたり、ICTを活用したりすることによって探求の時間を増やしていった。

二学期に行われた南三校の研究会では「比例」の授業が公開され、今まで見たことのない「探求時間をたっぷりとる授業」が展開された。元々もっていた「豊かでユニークな」教師のキャラクターに「深さ」が加わった。

5　学びを支える関係づくり

共同的学びが成立していくためには、教師と子ども、子どもと子どもの人間関係が相互に肯定的で対等平等であり、依存的であることが必要である。具体的には、教室では「分からないこと」が当然として扱われ尊重され、「分からないときはいつでも友達にたずねることができる」というルールが定着する必要がある。

「子どもが学びの主人公」ととらえればこれは至極当然であるが、教師の中には「自分の学習観」「理想とした授業観」を優先するものも当然いる。こういった教師は「正解には価値がある」が「間違いに価値はない」という硬直した発想に陥りやすい。

「教室からのとびだし」が二年生の教室で起こった。

担任は強力な指導で教室に引き戻したりもしたが、児童の心に寄り添わない指導により、やがてとびだしは常態化していく。

教室をとびだす女の子（A子さん）の行き先は保健室や言語の教室、たまに校長室という具合だった。四人姉妹の末っ子で両親との愛着障害も疑われる要素があったが、第一回の校内特別支援委員会で基本的な対策を話し合った。

確認されたのは、

・教室から抜けるときに「どこなら行ってよいか」という約束をする。

・教室外でもできるだけ学力の保障に努める（ドリルなどをさせる等）の二点だった。

この会議には校長不在でこのような方策について事後報告を受ける。もっとも肝要な「集団の中で社会性を育てる」という部分が欠落していたが、しばらく様子を見ることにする。

一か月ほど経過を見たが、進展する気配が見られないので校長の思いを文書にまとめたものを基に担任と面談をした（文書は教頭・分掌部長・養護教諭にも配布）。

文書として渡したものの概要は以下の通りである。

【A子さんに関わる指導について】

(0)　はじめに

学級や教師の「流れ」に乗れない、外れる子どもの指導は難しい。

なぜならば「多数の正義」「多数の理論」が前提になりやすいから。（以下略）

(1)　一番大事にしなくてはならないもの

一番大事にしなくてはならないのは「A子さんの尊厳」であり、小二の彼女のプライドである。（以下略）

(2)　もっとも避けなくてはならないもの

そこから考えると「大人の側の論理や尺度の押しつけ」は百害あって一理なしと言わざるを得ない。（以下略）

(3)　彼女に対する指導の在り方とその基本

ここを考える上で大きく二つの考え方がある。一つは「教師や大人の側は正しく、A子さんの側を矯正すべき」というもの。もう一つは「教師や大人の側の指導にも過

ちや未熟さを認めつつ、A子さんとの関係性の創造を目指す」というもの。（以下略）

(4)　具体的な提言

①　A子さんとの面談

「やりたいこと」「やりたくないこと」「してほしいこと」「してほしくないこと」についてしっかりと聴く。（絶対に反論や注釈をいれずに傾聴する）

②　学級集団づくり（ここが肝要！）

A子さんを中心とした学級経営に切り換える。現在は「A子さんとその他」

発達段階として「仲間が生活の中心になる」時期ではないが、「いちばん困っている人を中心としたコミュニティ」と押さえる。

「A子さんを応援できる人」「A子さんにメッセージを送れる人」を組織する。（点ではなく彼らをつなぐ）。（以下略）

③　パラダイム（枠組み）の転換

「こうでなくてはならない」という教師側の考えを一度白紙に戻し、A子さん最優先の枠組みを作り直す。（以下略）

④　親との関係

親は教育の主権者であるから、状況と方針をしっかりと伝えるのは基本。（以下略）

⑤　先生方の力を借りる

「担任が解釈する」ことを指導の中心としない。（以下略）

(5)　最後に

B先生にとって、A子さんは極めてすぐれた教材であり学びであること。

この事例を通して必ず教師として人間としての大きな成長が待っている。（以下略）

このような内容をもって面談したが、「A子さんを学級の中で育てるというのは私の経営方針」というところで、B教諭と考え方の基本的なすれ違いが生じた。彼の中では「学級から切り離して彼女の学力を保障していく」ことが既定の路線になっていたらしい。続行不能と判断し、「明るく」面談を打ち切った。

第二回目の校内特別支援委員会では、教務主任のC教諭がB教諭のA子さんに対する指導を「逃げである」と指摘し、「このままでは教師としてだめになる！」ことを情熱的に訴える（魂の言葉と言えた）。

Ｂ教諭はその場では完全に打ちのめされた様子であったが、会議後長い時間をかけたＣ教諭のフォローもあり、翌日からつきものが落ちたようにすっきりとした表情で教室に向かうようになった。

養護教諭も介してＡ子さんの母親とも連携し、「みんなと勉強する」という母子での約束ができた。

この事例は生徒指導を通してではあるが、「教師が一皮向けた瞬間」であった。

自分の経験と思い込みという呪縛から逃れたＢ教諭の授業には「笑い」と「ゆとり」が生まれ、もともと研究心の旺盛なＢ教諭が「子どもとの関係性のなかで」自分の授業や生徒指導をとらえ始めた。

この事例は、Ｂ教諭の復活のドラマであると同時に支え続けた同僚たちの貴重な学びともなった。

二　学び続ける集団として

「変化」「複雑性」「相互依存」といった新たな時代の特徴から求められる能力をＯＥＣＤ（経済協力開発機構）においては、三つのキー・コンピテンシー（主要能力）として規定されている。

なかでも、「社会・文化的、技術的ツールを相互作用的に活用する能力」と「多様な社会グループにおける人間関係形成能力」というカテゴリーは本校においては、「子どもたちの関係性を土台にした学び合い」を通して培う能力としてとらえられる。

平成二十八年度の半年を経過して「子ども主体の学び」「関係性を土台とした学び」を推進するためには、教師集団の変革が何より大事なことが確認された。

流動的で先の見えない社会を生き抜く子どもたちに必要なのは、「時代の変化をとらえ『変わり続ける柔軟さ』と『変わらない信念』をつかむ力」である。

そのために、校長に必要なのは学校改革を遂行する羅針盤としての力であり、それはとりもなおさず「学び続ける教師集団をつくる覚悟」に他ならない。

課題は山積の日々ではあるが、伸びていく子どもと自らを変えていく教師たちを見られることがその原動力である。

２　多様な社会グループにおける人間関係形成能力を育成する学校経営

子どもの関わる力・交流する力を育成する学校経営

青森県弘前市立福村《ふくむら》小学校長
齋　藤　　治

〈本校の概要〉

本校は、弘前市の東部を流れる平川沿いに位置し、古くからの農村地域と水田を埋め立てて造成された新興住宅により学区をなしている、国道七号線と国道一〇二号線に挟まれた地域である。児童数四百二十八名、十八学級で、ほとんどの子どもが地元の東中学校へ進学する。

本校の教育目標「知性の豊かな子　心のさわやかな子　心身ともにたくましい子」の具現化に向けて、「一人一人の笑顔があふれ、自分らしさを発揮する豊かな学びをつくる学校」を目指して、「みんなでみんなの子どもを育てる」を合言葉にして、地域や人との関わりによる学びと子どもの仲間意識、仲間関係を育てることに重点を置いて、教育活動を展開している。

一　はじめに

少子化、核家族化の進展により、子どもたちの人間関係が希薄になり、特に人との関わりが苦手になっている。

本校は、古くから弘前市の田園地帯に位置していたが、平成十年頃から校庭の後方一体に広がる水田地帯が埋め立てられ、新興住宅地と大型商店街がつくられ、一気に都市化が進んだ。新しい住宅地には広く市内及び県内外から多くの人々が集まり、児童数も数年の間に二百数十名から四百数十名に増えた。したがって、それまで全く知らなかった者同士が大人も子どもも隣同士になり、日常での人との交流や関わりが少なく現在に至っている。

学校においては、元気で明るい子どもたちの反面、たびたびトラブルが発生し、人との交流や協力・協働など、コミュニケーション能力や人と関わる力の弱さが見られる。子どもたちの人間関係づくり、協力・協働、共に学び合うこと、仲間意識の形成などが課題となっている。

ＯＥＣＤ（経済協力開発機構）のデセコ（ＤｅＳｅＣｏ）プロジェクトでは、これまで学校教育に限定されがちな学力をより大きく深い枠組みでとらえ、十二の加盟国を調査して、その結果を三つのカテゴリーにまとめて「キー・コンピテンシー（主要能力）」とした。

その一つに「多様な社会グループにおける人間関係形成能力」がある。そしてこのコンピテンシーは、さらに、①他者とうまく関わる能力、②協力する能力、③対立を処理し解決する能力、の三つの下位の能力カテゴリーから構成される。

しかし、「多様な社会グループ」を例えば、人種や国籍、宗教の違う人々と考えると、今日の日本の学校教育、特に小学校教育において接する機会は少ない。そこで、本校の実態も踏まえて、学校や地域の中での子どもと子ども、子どもと地域、子どもと老人や幼児など、多様な人々との関わりや交流を中心に考えることにした。

ここでは、「人間関係形成能力」を先の下位の能力カテゴリーから、①関わる力、②協力する力、③問題解決する力ととらえ、子どもと周りの子どもや地域の人々など、多様な人々との関わる力・交流する力を育成するための学校経営として、その取組について述べたい。

二　学校課題を明らかにして重点事項を定める

平成二十八年度は前年度の学校評価や反省から、児童のよい面と苦手な面を整理し、学校教育目標の知・徳・体についての学校教育課題を明らかにし重点事項を定めた。

そして、学校経営のスタンスを「みんなでみんなの子どもを育てる」を合言葉に、全教育活動を通じて『子どもたちの仲間意識を育てましょう』とした。特に、「知」では「③温かいコミュニケーションにあふれた仲間関係による学び合い」、「徳」では「③認め合い、助け合い、支え合い、高め合う学級の仲間意識を育てる」、「体」では「③学級のまとまりと協力の仲間意識を育てる教育活動の推進」を重点として設定し、取り組んでいる（次頁表参照）。

三　授業を通して関わる力・学び合う力を育てる

1　基本的な考え方

学校は、授業を通して子どもを育てるところである。しかし、子どもたちを見ると人や周りとの関わりの中から自然発生的に学ぶ体験が少なくなってきている。そし

平成28年度本校教育目標と学校教育課題と具体的方策（取組の重点事項）

	学習面（知性の豊かな子）	生活面（心のさわやかな子）	体力健康 （心身ともにたくましい子）
学校課題	基礎学力の定着と課題意識をもって自ら学び、考える力を育てる。 物事に向かう関心・意欲・態度を育てる。	生命の尊重と思いやりの心、友だちと関わる力などの豊かな人間性や社会性を育てる。 生活のきまりやルールと安全意識を高める。	健康安全に気を配り、進んで体を鍛え、ねばり強くたくましい心と体を育てる。 基本的生活習慣、望ましい食習慣を身に付ける。
重点項目	①学力テスト分析による授業改善 ②授業のユニバーサルデザイン化による子どもが実感する分かる授業づくり ③温かいコミュニケーションにあふれた仲間関係による学び合い ④地域や人に進んで関わり自分で考え、学び、つくる授業づくり ⑤一人一人の個に応じるきめ細かい丁寧な指導（T·T、個別指導） ⑥家庭学習習慣定着への取組 ⑦特別支援を要する児童への理解と適切な支援	①一人一人を慈しみ、寄り添い、出番と居場所を作る学級経営 ②進んで行う元気なあいさつ ③認め合い、助け合い、支え合い、高め合う学級の仲間意識を育てる ④学校や社会のきまりやルール・マナーを知り、守る態度の育成 ⑤思いやりと協力、役割を果たす心を育てる縦割り班の活動 ⑥歌声と心が響き合う音楽集会 ⑦豊かな心をはぐくむ読書活動の推進	①早寝（午後９時）・早起き・朝ご飯の励行 ②目標をもって取り組むマラソンや縄跳びへの挑戦 ③学級のまとまりと協力の仲間意識を育てる活動の推進 ④健康や栄養を考える食育指導 ⑤食後の歯磨きの習慣化 ⑥命を守るための安全指導の徹底 ⑦校舎を磨き、自分を磨き、心を磨く床ぶき清掃

て何よりも、自らの気付きや問いから体験を通して意味を紡いでいく、内側からの学びが弱くなっている。

そこで、子どもが自ら気付き、問いをもって周りの人やモノ、コトに主体的に関わり、学び、切り拓く新しい学びの設定を考えた。それは、地域の人、モノ、コトとの関わりやつながりなくしては成立しない学びであり、自分が自ら動かなければ得ることのできない学びである。そして、子どもたちの関わる力や交流する力を、子どもと多様な人との関わり合いや子ども同士の学び合いの授業を通して育てたいと考えた。

本校では平成二十七年度より、校内研究のテーマを「地域と学校をつなぐ子ども、体験活動を通して学びをつむぐ子ども、未来の自分をつくる子ども」とし、生活科及び総合的な学習の時間を研究教科にして、子どもが人・モノ・コトと主体的に関わり、主体的に学びをつくる学習の研究に取り組んできている。

２　研究への方向性と取り組む内容

(1)　取り組むに当たって、次のことを方針とした。

○単元から一つ、学校外の人との関わりを生かした授業実践を学年として、全学級同じ指導案で取り組む。
○前提として、必ず地域に出かけて、外の人との関わりの中で学ぶことを授業づくりに位置付ける。その上で、
ア、課題をつかむまでの時間を大事にする。
イ、探検に出かける時間と調べたことを整理して使えるようにする一人学びの時間の指導を丁寧に行う。
ウ、整理したものを紡いでいく、集団学びの時間に思考ツールを活用して深める。
エ、何が分かったかではなく、何を、どう学んだかを大事にしていく。振り返りと自己評価作文。
この学習指導の基本は、「教えないで教える」である。
(2) 例示した学習活動は次の通りである。
一年生……保育園との交流からの合同学習、お年寄りやいろいろな人を招いての交流学習
二年生……町探検をきっかけとした地域の人との関わり、学びの国への招待などの交流学習
三年生……地域と地域の人の秘密などを探検することによる人との関わりを生かした探求的な学習
四年生……地域のエコや自然環境と人の暮らし、伝統の秘密などを探検することによる、人との関わりを生かした探求的な学習
五年生……地域の安全・安心と食・食生活、住みやすさの秘密、人の暮らしの知恵などを探検することによる人との関わりを生かした探求的な学習
六年生……地域の住みやすさや働くこと、歴史と人の生き方などの秘密を探検することによる人との関わりを生かした探求的な学習

3 授業の実際（平成二十七年度）から

一年生は、「あきで遊ぼう　〜わくわくランドで遊ぼう〜」と題した単元で、保育園児を自分たちの作ったわくわくランドに招待して保小連携の合同授業を展開した。自分たちの思いや願いを生かした遊びを保育園児にも楽しんでもらおうと、緊張の中、お世話をしており、心の成長が見られた。

四年生は、「集まれ集まれ津軽塗」と題して、家の人からの聞き取りや津軽塗の制作体験学習、塗師さんとの交流を通して津軽塗の秘密を追究していった。塗師さん

の話を真剣に聞く子どもの姿が印象的であった。

五年生は、「福村再発見　～まだ見ぬ世界を解き明かそう～」と題して、自分なりの地域のイメージから、それを地域の人との交流を通して整理・分析して深め、更に新たな課題をつかむ学習を展開した。

四　縦割り班活動による異学年との交流、関わり

授業だけでなく、全校で子ども同士の関わりや協力、問題解決力を育てるために縦割り班による「わんぱく祭り」と「全校遠足」、「縦割り班清掃」を行っている。

① 特別活動部計画によるわんぱく広場

縦割り班での助け合いや協力の下、いろいろなゲームを行い、ルールや集団行動の仕方を学び、メンバーの仲間意識を深めるものである。特に、始めの作戦会議と終わりの班ごとの感想発表、振り返りによるシェアリング（共有性）を大事にしている。

② 学校行事としての全校遠足

公共施設の見学や体験を通して、地域の文化や自然への見聞を広め、それらを楽しむとともに、集団生活の在り方や公衆道徳などについて望ましい体験を積むものである。昼食と自由遊びを縦割り班の活動として設定し、協力と思いやりの心を育てようとしている。

③ 縦割り班清掃

「校舎を磨いて心を磨く」を合言葉に、床の乾拭きぞうきん掛けをメインにした掃除を行っている。縦割り班員と協力しながら取り組み、思いやりの心や真剣に取り組む態度を身に付けさせようとしている。

五　地域の人との関わりから関わる力を育てる

① 関わり合い・学び合いの「地域安全マップづくり」

平成二十六年度、地域の町会連合会から依頼された活動である。これを子どもたちが地域の人と関わり合って学ぶ機会ととらえ、翌年度から五年生の総合的な学習の時間の学習として位置付けた。学区の町会長さんたちを始め、地域の方々に協力員を依頼し、子どもたちのグループに数名ずつ入っていただいた。一日の中で、フィールドワークとマップづくり、そして発表会を行うという流れで行った。地域の方々は案内人であったり、相談相

手であったり、様子を見守るアドバイザーであったりと絶妙な関係で子どもたちの活動を支えてくださる。子どもたちと地域の方々との間に親しみが生まれ、子どもの関わる力、地域への愛着心が育ってきている。

② 地域の方々による朝の「挨拶・声掛け」運動

安全マップづくりに協力してくださった町会長さんたちを中心に、さらに、地域の人々と子どもたちがふれあう機会として実施した。平成二十八年四月から各町会三名程度、毎月の月初めの三日間、学校の前庭で、登校してくる子どもたちに「おはよう」の挨拶と声掛けを実施している。半年が過ぎ、子どもたちも地域の方々がいることに慣れ、自然と元気な挨拶を交わしている。

子どもたちと地域の方々とのつながりを深めることは、子どもたちの人との関わる力を高めることにもつながり、また、地域で子どもを見守るという環境作りにもつながる。

六　校務分掌組織の見直しと学年カリキュラム

子どもたちの喫緊の課題に対して、責任分掌を決めて指導に生かすという面から、これまでの指導部を単に生活指導だけではなく、知・徳・体の重点事項に対して機能するよう、「頭つくり」「心つくり」「身体つくり」と分けて分掌を設定した。そして、全教職員が分掌組織のどこかで主任として責任をもって仕事に当たるよう配置を工夫した。特に、子どもの社会性や人との関わりを育てる「児童活動」の担当は、「心・仲間づくり（徳）」として、他の分掌と連携して計画・実践できるよう人員の配置に配慮した。

また、各学年が教育活動を一年間見通して計画的に教育活動を展開できるよう、生活科と総合的な学習の時間、道徳を表の中段に位置付けて各教科の一年間の単元を配列した学年カリキュラムを作成している。先生方はそれを基に、育てたい子どもの力を重点的に育てるよう、行事や教科等の関連付けと、重点化を図りながら、見通しをもって教育活動を展開している。

七　おわりに

このように、子どもの関わる力や交流する力を育てるために地域との新しい関係づくり、学校の組織と体制づくり、教育活動づくり、そして学び観の転換を図る授業づくりに取り組んできた。

本校の校内研修講師の早稲田大学大学院教授　藤井千春先生は、「いい総合をやっている学校にはいじめがない。仲間と共に活動し、仲間に評価されたり評価したりすることがよりよい信頼関係、仲間関係につながる。自分が見聞きして働き掛けて得たものだから、友達の話を聞く。語り合わなければアクティブ・ラーニングにはならない。学び合いで仲間関係、仲間意識を育てよう。」と話されている。

今、地域と共に歩む学校づくりが求められている中で、更に実践を積み重ねたい。

3　自律的に行動する能力を育成する学校経営

自律的な力を育む学校づくり

岩手県宮古市立川井《かわい》小学校長
齊　藤　義　宏

〈本校の概要〉

本校は、岩手県のほぼ中央、宮古市西部に位置し、渓谷に沿って点在する農山村地帯にある。学区には、早池峰自然環境保全地域が含まれ、伝統芸能の宝庫である。平成二十七年度に学校統合し、児童数四十二名の小規模校で、学年によって複式指導が行われている。

本校の教育目標「かしこく やさしく たくましく」の具現化に向け、平成二十七年度に市教育委員会の指定を受け「安心感をもって学ぶ授業づくり　～生徒指導の三機能を生かした授業実践を通して～」を主題に掲げて、学校公開研究会を開催した。

一　はじめに

本校は、少子化に伴い地区内の四校が統合し、子どもたちが大きく育つ希望の小学校としてスタートして二年目を迎えた。地域住民や保護者は、学校に対して「子どもたちが集い学ぶ場としての学校は、将来の家庭・地域・日本の担い手を育てる教育の場である。同時に、地域文化発信の拠点であり、子どもたちの活力あふれる和みのある楽しい場所でもある。」と期待も高く協力的である。

統合前の環境は、各学校とも全校児童十名程度の極小規模で、複式指導の縦集団によって教育が営まれてきた。素直で思いやりがある子どもたちは、統合により友達が増えたことに喜びを感じながらも、友達と心を合わせて活動することに困難さを感じたり、自分で考え判断し、表現することを苦手としたりする傾向があった。

子どもたちは、これまでの学習・生活のスタイルと違う環境の中で、新たな人間関係を築きながら、主体的に判断・行動する力や困難を乗り越える気力や体力を身に付けていかなければならない。

そこで、これまでの課題を克服するため、安心感と明るさをもって臨《のぞ》むことができる授業を学校づくりの基盤に位置付け、一人一人の子どもの人格を尊重し、個性の伸長を図りながら、社会的資質や行動力（自律的に行動する力）を高めることを目指した教育活動を展開することを学校経営の基本方針とした。

二　チーム力の向上を目指して

子どもたちにとって学校統合は、期待と不安が入り混じるものであった。これは、地域住民や保護者も同様であり、新しい学校生活・環境へのよりスムーズな適応が求められた。そこで、統合する各学校から数名の職員も子どもたちと一緒に異動し、子どもたちに寄り添いながら新たな職員体制で学校を運営することとなった。

本校のこのような職員体制を踏まえ、全ての職員に統合校としての使命と自覚を促し、時には意識改革を求めながら、次のように経営戦略を構想した。

○教育活動と条件整備をセットでとらえるマネジメントへの理解を促し、具体化への支援を行うことにより、学校づくりへの参画意識を高める。

○教育活動の目標を達成するためにも、人材育成の視点からも、ビジョンを共有した上で、リーダーシップを分散し、マネジメントをチーム体制で行う。

○自律的な学習者としての資質・能力を育成するため、校内研究を「安心感をもって学ぶ授業づくり」とし、生徒指導の機能を生かした研究を推進する。

三　具体的な取組による確かな手応え

1　教育活動と条件整備をセットでとらえる

年度初めの校長講話の中で、二〇三〇年の社会を見据えた教育課程改革では、学習内容だけではなく、資質・能力の構造、学習指導方法、学習評価の在り方にも深く踏み込み、さらには学校組織や学校制度改革まで全てが連動していることを解説した。その上で、学校経営の基本方針の具現化に向けて、教育活動と条件整備をセットでとらえる本校のマネジメントについて理解を促した。

ここでは、教育活動を実際に作り動かしていくために、「人、物（時間・情報を含む）、予算、組織」の必要性を強調した。これらを「教育活動のための条件整備」ととらえ、「子どもにこのような力を付けるために、このような教育活動が必要である。そのためには、このような条件整備が必要になる。よってどうするか」という観点で組織をとらえ、当事者性、自律性、参画の意識啓発を図った。

2　チーム・マネジメント体制の推進

新たな職員体制では、前述した教育活動と条件整備をセットでとらえる。マネジメントの理解に加え、教育活動の目標達成のためにも、人材育成からの視点からも、校長のリーダーシップの下、副校長、主任、分掌担当、事務職員等からなるチーム・マネジメント体制（リーダーシップの分散）を推進していくことにした。

この体制が、生徒指導の機能を拠り所とした校内研究「安心感をもって学ぶ授業づくり」への発想を導き、研究を通して、本校が目指す自律的に行動する能力の育成に関わる確かな手応えとして共有された。

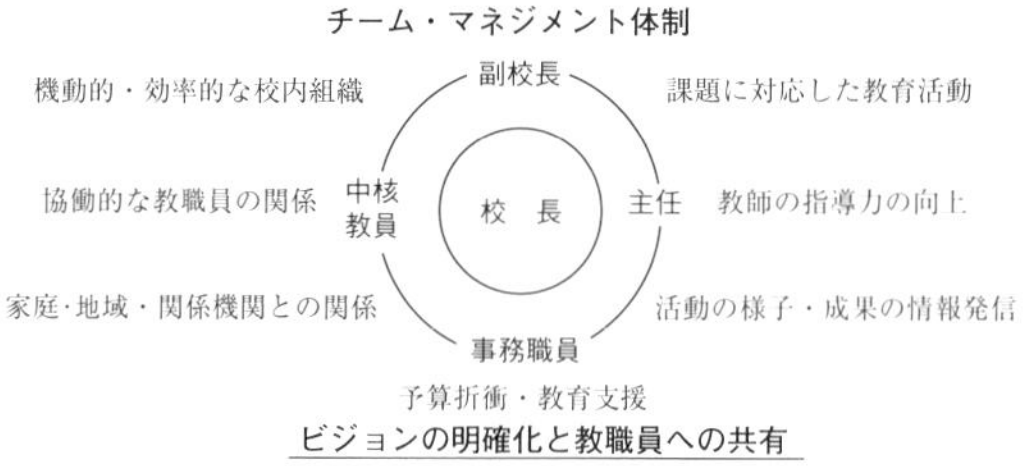

3　校内研究「安心感をもって学ぶ授業づくり」

(1)　主題設定に関わる取組

チーム体制下での校内研究の推進では、研究主任がリーダーとなり、総務・教務・生徒指導の各主任等が、担当分掌の側面から「共に」考え、研究の基本的な考え方について確認がなされた。

○人間関係を築きながら、主体的に判断・行動する力を身に付けさせる。

○身に付けさせる力は、生徒指導のねらいである自己指導能力の育成と深い関わりがある。

○これからの社会を生きるために必要なキー・コンピテンシー（主要能力）の枠組みの中心にあるのは「個人が深く考え、行動することの必要性」であり、自己指導能力と観点は異にするが、目指す能力はほぼ同じである。

○自己指導能力を育成する具体的な手だてとして「自己

決定」「自己存在」「共感的人間理解」の三つの機能を作用させることが大切である。

○生徒指導の三機能は、学校生活のあらゆる場や機会で作用させる必要がある。特に日常の教育活動の中心である「授業」における取組が重要である。

このような過程を経て、「わかる・できる」ことを実感し、子どもが主体的に学習に臨み、周囲との関わりの中で自分の良さを実感できる授業を日々実践していくことが、子どもに安心感をもたらすこと。そして、結果として表れる学力は自信となり、学校生活全体の活気となっていくという道筋が整い、生徒指導の機能を手だてに「子どもが安心感をもって学ぶ授業づくり」を主題に掲げることとした。

分掌業務の整理が、業務の切り分けと振り分けになってしまい、互いの遠慮や無関心、意思の疎通の停滞、といった事態に陥ることがある。しかし、ビジョン共有を核とした目的チームによる多面的・多角的な切り口は、発想を豊かにし、相互の学び合い、合意形成に説得力をもたらした。以降、主任層が中心となって、職員のコミュニケーション回路を意図したワークショップ型研修の導入、指導主事の積極的な招聘による授業研究、公開授業研究会による学び合いなど、職員の主体性に基づく研究が推進されていくこととなった。ここに、子どもたちの自律は職員の自律からという姿が見えてきた。

(2)　研究実践の概要

日常の教育活動の中心である教科の授業場面において、どのように生徒指導の機能を生かせばよいか、自己指導能力（その時その場でどのようなことが適切であるか自分で考えて決めて行動する力）の育成を図る生徒指導の三機能について定義付けし、授業の四十五分間にどのように位置付けるかを構想して、授業実践を行った。

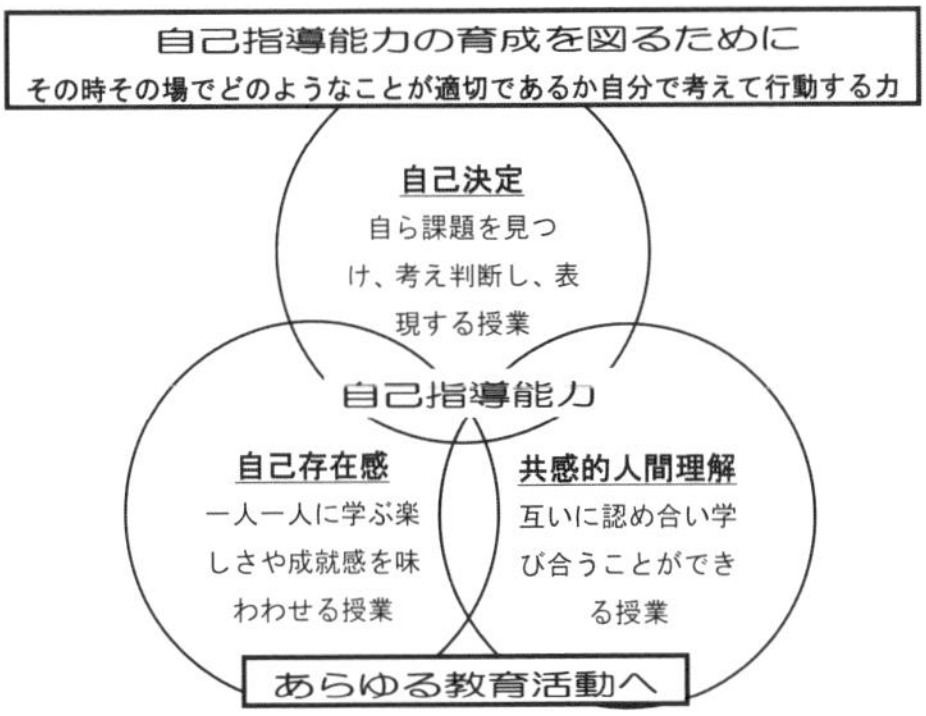

研究主題

子どもが安心感をもって学ぶ授業づくり
～生徒指導の機能を積極的に生かした授業の実践を通して～

児童の実態
・統合による新たな環境の中で自分らしさを探している。
・思いや考えを伝える力が不十分
・友達との関わりが不得手

目指す児童像
①自分で考えをもち行動できる子
②友達の良さに気付き自分の考えを深める子

教師の願い
・自分の考えをもち、意欲的、主体的に取り組む子どもを育てたい。
・授業を通してよりよい人間関係づくりができる子を育てたい。

研究の方向性

日常の授業に生徒指導の三つの機能を生かした授業を行うため、どのような手だてを講ずればよいか指導の在り方を明らかにし、指導構想を立案する。それをもとに具体的な手だてを用いて授業を展開する。これにより、子どもが安心して学ぶ授業の充実に資するものとする。

具体策

子どもが安心感をもって学ぶ授業づくり
1 日常の授業に生徒指導を生かす手だて
・授業チェックシートの活用(教師用)
・がんばりシートの活用(児童用)
2 日常の授業に生徒指導の機能を生かすための視点
・意義について理解を深める
・具体的手だてについて理解を深め実践化を図る

生徒指導の三機能

自己決定の場を与える　自己存在感を与える　共感的人間関係を育成する

授業　授業構想
目標とゴールの明確化
・生徒指導の機能働かせる授業展開の構想

取組
授業構想・立案・教師・姿勢・学級経営

授業時

導入
意欲をもち取り組ませる
・主体的に取り組める学習課題
・気付き、見通しをもたせる工夫

展開
主体的に課題解決を図る学習活動
・学習形態の工夫（個・ペア・グループ・全体）
・自分の考えをもつ（書く）場の設定
・発言をつなげ、集団での学び合の工夫

終末
自己の学びをふり返る
・評価やふり返りの工夫
・達成感や充実感を味わう評価

振り返り
授業チェックシート・児童がんばりシートの実施

授業後　ふり返り
授業構想の反省（機能の生かし方・ねらいの達成）
・チェックシート・がんばりシートの活用
・WSによる教師間での意見交換、学び合い

子どもが安心感と明るさをもって送ることができる学校・学級集団

実践当初、一見「当たり前」に思われる三機能も、普段、経験則に任せて流していたことが話題となり、具体の方策に戸惑いも見られた。そこで、研究主任と協働して三つの機能の何を何のためにどのように具体化するかが見える「視点シート」を開発し、活用方法についてアドバイスをした。このことにより、三機能の位置付けが明確になり、児童に対して教師の意図する働き掛けへと変わっていった。

公開授業研究会では、算数科と特別支援教育の授業を行い、助言者からは、授業の展開で見せる子どもたちの学びの姿から「方法の見通しからの自己決定は、学習者にとって重要な場面であること」「算数的活動を意図的に組み、人と人との交わり、それをつなぐ言語活動は、学びの厚みを実感させるとともに、自己存在感の獲得のチャンスであること」「他者がいることで他者の見方や考え方に気付き、自分に立ち返って考えることができること」の手だてに沿った成果を明らかにしていただき、参会の先生方と共感できたことは大きな励みとなり、職員の喜びを同じにした。

公開授業

四　おわりに

学校統合によって環境が変わり、新しい学校生活に不安を覚えていた子どもたちも、友達が増えたことを喜び、時には、心を合わせることの難しさにぶつかりながらも、友達と過ごす様々なことやいろいろな時を楽しんでいる。そこに、本校が目指す安心感、つまり、互いに認め合い学び、どうすれば楽しいかを考えて行動する力が育っていることを実感する。

これからを生きるために求められている「自律的に行動する能力」は概念であり、小学生には、多様な側面からアプローチし、素地を築き上げることが大切だと考える。そのためにも、子どもを育てるビジョン提示、ビジョン共有の体制づくり、チーム体制での発想力と推進力の強化など、学校づくり人づくりにしっかり向き合っていきたい。

第二章　カリキュラム・マネジメントの確立を目指す学校経営

提　言

カリキュラム・マネジメントの確立を目指す学校経営

――「社会に開かれた教育課程」を実現するために――

広島県広島市立神崎《かんざき》小学校長

髙　西　　実

一　はじめに

教育課程は児童の学校生活の中核となるものである。よって、いかに学校経営上の課題が山積しようとも、カリキュラム・マネジメントを通して「学校教育の改善・充実の好循環を生み出していくこと」は何よりも重要な課題として位置付けられなければならない。さらに、カリキュラム・マネジメントには、教育活動だけでなく、教育課程を軸として学校経営や組織運営など、学校全体の在り方を改善・充実するという役割が求められているとの認識が必要である。本稿では、こうした課題意識の上に、まず「次期学習指導要領等に向けたこれまでの審議のまとめ」で示された「社会に開かれた教育課程」の理念を実現するために、カリキュラム・マネジメントを効果的に進める上で重視すべき基本となる考え方を述べ、次にこれから求められるカリキュラム・マネジメントのポイントを整理する。

二　カリキュラム・マネジメントを効果的に進める上で重視すべき基本となる考え方

先のリオデジャネイロ・オリンピックでは、連日の日本人選手の活躍に、多くの日本人が感動と勇気を得た。中でも、私にとって感銘深かったのが、全階級で金二個を含むメダルを獲得し、大きな躍進を遂げた男子柔道であった。低迷が続いていた男子柔道がこのように躍進できたのはなぜか。このことについて多くのことが言われているが、私が最も注目したいのは、全日本男子監督の井上康生氏が試合後に語った次の点である。

井上監督によると、選手に「自分たちでやるんだ。」という自律心がしっかり芽生え、自分たちで考え抜き、鍛え上げ、自信をもって畳に上がることができたことが結果につながったという。監督は、これまで「究極の目標」として「最強かつ最高の選手」を掲げ、柔道家として最強の選手になるだけでなく、人として最高の選手になることを求めてきた。試合において、勝者を称え敗者を敬う精神、すなわち、礼に始まり礼に終わる礼儀を徹底することはもちろんのこと、試合外においても、試合会場への移動時にスーツの着用を求めたことは、その一端を示すものである。四年間にわたるこうした指導の結果、オリンピック開催中であっても、選手がウォーミングアップ会場の掃除をしたり、他の選手の応援に率先して参加したりするなどの姿が見られるようになった。また、七十三キロ級で金メダルを獲得した大野将平選手は、試合本番のわずか数日前、選手村を散歩しながら両手いっぱいにペットボトルなどのゴミを拾い集めていたという。こうした姿は、正に「究極の目標」として目指していた選手像そのものであり、井上監督は「そういう徳を積むことによっていいことがあるんだなと、改めて実感しました。」と語っている。

この井上監督の話に、教育の根幹を重視することの意義、価値を改めて認識した次第である。これらのことを念頭に、カリキュラム・マネジメントを効果的に進める上で重視すべき基本となる考え方を三点述べる。

1　根本的・本質的に考える

人間が人間たる所以であるところのもの、これを失っては人間が人間でなくなるところの「人間の本質的要素」は徳性であり、徳性の涵養こそが教育の根幹、教育の本体となる部分である。特に初等教育段階にあっては、徳性の涵養に重きを置くことが大切であり、小学校段階では、保育園・幼稚園などと連携し、まず、躾を徹底してよい習慣を付けること、そして、人生を貫く指針となる人としての生き方や考え方を身に付けさせることに力を注がなければならない。そして、その成果の上に「人間の附属的性質・属性」である知性の練磨、すなわち、知識・技能の習得、思考力・判断力・表現力などの向上に努めるならば、育成すべき資質・能力をより確実に、そして、自他の人生を幸福なものとするよりよき手段として習得・向上させることができるようになる。

また、よい習慣を付ける躾は、本来、家庭教育の領域である。別の見方をすれば、徳性の涵養、中でも躾の領域は、家庭・地域とのつながりが教科などに比べてより直接的であり、共有化、連携を具体的に進めやすいということである。徳性の涵養は、「社会に開かれた教育課程」の核とすべき領域であり、積極的に取り入れるべきであると考える。

広島市では、平成十三年度から学校・家庭・地域が一体となった「まちぐるみの教育」を推進してきた。本校では、この基盤の上に、平成二十五年度に学校・地域の教育目標として校訓「志高く美しく」を制定し、まず、家庭・PTAを中心に、生涯にわたり役に立つ基本的な態度と心の育成を目指し、挨拶（積極的な心）・返事（素直な心）・靴揃え（やり抜く心）からなる「躾の三か条」に取り組むことにした。その翌年度には、地域・子ども会を中心に、人生を貫く指針となる人としての生き方や考え方の育成を目指し、「みんなを笑顔にするために」に始まり「一、自分に負けてはなりません。」と続く「神崎っ子の誓い」の取組を始めた。学校においては、これら二つの取組内容を学習規律や生活目標に位置付けて重点的に指導を行うとともに、古の聖賢の教えを学ぶ「神崎っ子の朗唱二十四編」の取組を基盤とする道徳教育、キャリア教育に取り組んでいる。すなわち、学校教育目標に「夢や志をもち、ともに未来を切り拓く子どもの育成」を掲げ、「徳性の涵養を本体とし、まちぐるみで進める『志を育てるキャリア教育』」の創造を目指し、総合的な学習の時間や道徳を中心に教育課程の編成や教材開発、授業改善に取り組んでいる。また、家庭や地域に神崎版「まちぐるみの教育」の全体構想や具体策を示し、ＰＴＡ等の理解・協力を得て幟旗やステッカー、テキストを作成するなど、その実現に努めている。こうした取組の成果は、学校の組織運営の改善、地域・学校間の信頼関係・連携の更なる強化、そして、児童の自尊感情、自律的精神、学力の向上などとなって現れている。

２　長期的に考える

「教育は国家百年の計」と言われる。では、学校ではこのことをどのようにとらえていけばよいのであろうか。

学校では、今、目の前に、解決しなければならない個別の問題を抱える一人一人の児童がいる以上、児童や学校・家庭・地域の実態を踏まえ、緊急的な対応はもちろんのこと、短期的・中期的な視点により、課題を整理し、具体的な目標や方策を立て、実施・評価・改善していくことが求められるのは当然のことである。

しかし、学校には、短・中期的な視点に留まらず、より長期的な視点に立った学校経営が求められているのではないだろうか。なぜなら、児童一人一人が幸せな人生を送ることができるようにするためには、学校に留まらず、生活の基盤である家庭や地域の教育力の回復・充実、地域の教育的な風土づくりを進め、家庭や地域の確かな担い手となる人材を育てていく必要があるからである。地域における教育の専門機関である小学校には、より長期的な視点をもち、地域と共に地域の未来について語り合い、ビジョンを描くこと、また、その地域を構成し支える人々の在るべき姿を描き、その実現に向けて目標や計画を立て、具体的な教育計画を策定・実施・評価・改善していくこと、さらに、校長、教職員が替わっても、学校教育の根幹となる部分が変わることのないよう、地域に根付いたものとするための手だてを講じることなどが求められているからである。こうした取組の鍵となるのが「社会に開かれた教育課程」であり、地域に「我が地域の教育の創造」という意識を生み出すことであると考える。

本校では、校訓の制定と同時に、「品格と逞《たくま》しさを兼ね備えた国際社会で尊敬される日本人」という日本人像を掲げ、①夢や志をもち、その実現に邁進する子ども、②果敢に挑戦し、変化・成長する喜びを感じ、自分に自信をもつ子ども、③ふるさとの歴史を理解し、伝統と文化を誇りをもって語る子ども、という子ども像を設定し、家庭・地域と共有できるよう努めてきた。また、前節で紹介した特色ある教育課程を編成・実施し、変容していく児童や学校、地域の姿を積極的に発信することを通して神崎版「まちぐるみの教育」の牽引に努めているところである。

神崎学区は、「人が町を創り、町が人を育む。」「子どもは地域の宝。みんなで子どもを育てよう。」「地域の要である学校を支え、よくしていこう。」という志をもつ人々が住まう地域である。「三十年間継続し、五十年後に花開き、百年後に豊かな実りを迎える神崎の教育を目指して」というキャッチコピーも自然に受け入れられ、その理念はPTA役員を中心に、子ども会役員、諸団体長へと浸透していっている。また、こうした地域の思いが様々な機会を通して教職員に伝わり、教職員の間にも「神崎学区の学校」という認識が定着し、地域の願いに応えていきたいという思いが育ち、行動となって現れている。そうした教職員の変容は、学校に対する地域の信頼を更に高めている。

3　全体的・総合的に考える

子どもは、全校種の連続した学びの中で育つ。多くの教職員、人々との関わり合いの中で育つ。そして、家庭・学校・地域といった社会の中で育つ。したがって、学校の教育課程は、知・徳・体の調和を図ること、少なくとも小学校六年間、義務教育九年間の見通しをもつこと、各教科・領域などの関連を図り教育課程全体で子どもを育てる工夫をすること、家庭・地域との連携、教育的資源の活用を図ること、中学校区内における異校種間の縦の連携と小学校間の横の連携を図ることなど、全体的・総合的な視点に立って編成していくことが必要である。

本校では、以前から多くの魅力ある教育実践が行われてきた。そうした取組を前述の1で示した理念の下に整理し、それらを一つの方向性をもって相互に関連付けながら六年間積み上げると、より大きな成果が生み出されることを絵図にして示した。それにより、一つ一つの取組が、質的に向上するとともに、六年間の見通しの下に全校的な取組へと広がっていった。さらに、平成二十七年度から同じ中学校区内の他の二小学校と道徳教育を中心とした連携を進め、平成二十八年度、広島県共同募金会の事業を活用した三小学校区合同の「まちぐるみの教育」をスタートした。こうした小学校区間の横の連携を進める取組は、各校のカリキュラム・マネジメントを後押しし、三小学校の教職員が共通の見通し、目的意識をもって教育活動を整理・創造していく契機となり、その成果は学習指導・生徒指導の充実、組織運営の改善、家庭・地域との連携の更なる充実となって現れてきている。

三　これからの学校に求められるカリキュラム・マネジメント

これまで述べてきたように、「社会に開かれた教育課程」の理念の実現は、カリキュラム・マネジメントに拠るところが大である。カリキュラム・マネジメントが一層効果的に機能するよう、校長のリーダーシップにより、①目標と資質・能力を明確に示し、社会と共有すること　②教科等を学ぶ意義を示し、それを踏まえて教科等横断的な整理をすること　③家庭・地域との連携・協働、地域の人的・物的資源の活用の視点を取り入れること　④授業改善を促す工夫を行うこと　⑤P・D・C・Aサイクルを確立すること　⑥教員の参画を促し、教員のカリキュラム・マネジメント能力を高めることに留意し、改善していかなければならない。

これまで、学習指導要領の改訂のたびに、「教育改革の波は、教室の前で止まり、教室の中に入っていかない」との批判を受けてきた。こうした状況を打破するためには、校長のリーダーシップの下に、「何がどのように変わるのか」だけではなく、「なぜ変わるのか」、「どこを目指して進んでいくのか」を全教職員に理解させるとともに、校長の示す学校経営のビジョンや学校教育目標、教育課程の編成方針、編成計画に基づき、全教員を教育課程の編成に参画させることが重要である。

四　おわりに

一人の尊敬する先輩校長から、校長の職責は、「教育の理想、教育哲学を語り、教職員としての使命感を教えること」であると教えられた。今、校長には、「地域とともにある学校として何を大事にしていくべきかという視点」を定め、学校経営のビジョンと教育課程編成の方向性を教職員に示し、皆の英知を結集して学校教育計画を策定すること、そして、これを保護者・地域に分かりやすく示し、保護者・地域と共有していくことが、嘗《かつ》てない程に求められている。

それは、高い見識や、教育課程、学習指導、その他の学校教育に関する専門的事項に関わる教養と経験に裏付けられたものでなければならない。また、根本的、長期的、全体的に考え抜かれたものでなければならない。そして、さらに本校、本学区における教育の理想を高く掲げ、教職員や保護者、地域の方々の心に火を灯すものでなければならない。それができれば、校長ほど楽しい仕事はない。今後、更に修養に努め、職務の遂行に邁進していきたい。

実践事例

1　教科横断的な視点を取り入れた教育課程

志をもち、自らの生き方を切り拓く児童生徒の育成

群馬県富岡市立小野《おの》小学校長

並木伸一

〈本校の概要〉

本校は、群馬県富岡市北東部の農業が盛んな里山地域に位置し、世界遺産の富岡製糸場にも程近く、小野小町《おののこまち》由縁の得成寺《とくじょうじ》や前田家の菩提寺である長学寺など歴史的史跡が多数ある地域にある。全校児童数は百六十二名、六学年全て単学級である。

教育目標の「やさしい子（心力）・かしこい子（学力）・たくましい子（体力）」～三力（みりょく）をもった子になろう～の具現化に向け、平成二十六年度から三年間、群馬県キャリア教育推進事業の地区指定を受け、小中学校連携したキャリア教育の研究実践に取り組んでいる。

一　はじめに

群馬県では、平成二十六年度から第二期群馬県教育振興基本計画が実施され、重点目標としてキャリア教育の推進を図るとともに、同年度より県内四地域の中学校区をキャリア教育モデルとして地域指定した。その一地域として、本校と富岡市立北中学校で連携してキャリア教育推進のモデル地域として研究を続けている。

本地域は、豊かな自然に恵まれ、古くから稲作、養蚕業などの農業が盛んである。三世代家庭も多く、小中学校が一校ずつあり、保育園から中学校卒業までの成長過程で、ほとんど顔ぶれが変わらない状況である。児童は、明るく素直な子が多く、不登校児もなく安定した学校生活を楽しんでいる。しかし、各種調査や日常観察から見ると、高い目標を達成しようとする意欲に乏しかったり、自分の考えに自信がもてずに人前で話すのが苦手のようであった。キャリア教育の目標達成には、大きな課題と

なると感じた。

そこで、高い志をもって自分を高めようとしたり、自分の考えを他者に適切に伝えたりする力をキャリア教育の重点として育成することが最重要課題であると考えた。研究テーマは、「志をもち、自らの生き方を切り拓く児童の育成」と設定し、一年目は、キャリア教育の視点で見た指導の工夫、二年目は、キャリアシートの活用を通した指導の在り方、三年目は、児童の成長や変容の見取りに視点を当てて研究を進めた。授業実践を中核にして全教育課程を通して研究を進め、先進校視察、外部講師による研修会など積極的に取り組んだ。

二　地域連携におけるキャリア教育

1　キャリア教育推進の基本方針

小中学校の九年間を「社会的・職業的自立に関わる基盤形成の時期」ととらえ、小中連携や地域連携を図りながら各学校におけるキャリア教育の在り方を研究するとともに、全体計画や年間指導計画を作成した。キャリア教育を通して育てる基礎的・汎用的能力を、児童の実態

児童が身に付けていく力や心				
好きなことやできることを増やし、自分の可能性を広げていく力（黄色）	高い目標や知的好奇心をもち、前向きに考えて、創造し挑戦する心（青色）	粘り強く努力して、達成感を得たり、失敗から学んだりする力（緑色）	人や社会と積極的にかかわり、適応したり働きかけたりする力（橙色）	自分の役割を果たし、人や社会のために役立つ喜びを感じる心（桃色）

から、本校での身に付けていく力や心として五つの視点（五色に色分けして視覚的にとらえやすく設定）に絞り込んで指導計画の中に位置付けた。（上表参照）そして、キャリア教育を通して育てる力を、本校では発達段階に応じて「自分を理解すること」「人や社会と関わり、適応したり働きかけたりすること」「目標に向かって努力すること」「身の回りの仕事に関心をもつこと」「あこがれや希望をイメージすること」等ができる児童を育てることを目指すことを基本においた。

なお、教育活動全体を通して児童のキャリア発達を目指すことから、授業実践は各教科を中心として教育課程全体を対象とし、実践の中ではキャリアシートの活用を通して指導のねらいと手だてを明確にするとともに、児童に学習後の姿を思い描かせ、成果や

自分で考えたゴールの姿を感じられるように工夫した。

2　キャリア教育地域推進協議会

研究テーマの達成を目指した小中学校のキャリア教育に対して支援することを目的として、地域で「キャリア教育地域推進協議会」を発足させた。メンバーは、小中学校の管理職と研修主任、区長代表、民生委員代表等、地域の各種組織や団体の代表者を中心に構成した。年三回会議を開催し、児童・生徒と直接関わりながら互いにコミュニケーションをとり、現時点での課題等を率直に出し合い、それを改善するためにそれぞれの立場で何ができるかを協議した。

3　キャリア教育学校間連絡会議

メンバーは、小中学校の校長、教頭、研修主任の計六名と教育事務所及び市教育委員会事務局の担当指導主事とで定期的に「キャリア教育学校間連絡会議」を開いている。協議内容は、事業計画の立案、両校の具体的研修計画の検討、地域推進協議会の内容検討、発表会の準備の詳細検討等である。

4　小中合同職員研修会

学校教育におけるキャリア教育の在り方について理解を深め、指導観の共有や日常の授業実践を生かすために、小中学校の全職員による合同研修を行った。内容は互いの学校の授業を参観したり、研究協議への参加、外部講師による講義、情報交換などである。

三　キャリア教育推進のための実践

1　全体計画の作成

全体計画を作成する上で、教科・領域を貫く実践上の視点として次の四点を重点にした。

①自分事として課題をとらえる動機付けをする
②実物、本物など体験的活動の重視
③ゴールがイメージできる単元構成と指導計画
④振り返りの時間の設定

これらを包括した全体計画（次頁表参照）を元に単元構成や内容を見直し、教師用、児童用キャリアシートの二種類を作成・活用して実践した。

2　キャリアシートの作成と活用

教師用キャリアシートは教科の年間指導計画に当た

平成28年度　キャリア教育全体計画

富岡市立小野小学校

学校教育目標
ふるさとに親しみ、思いやりの心をもち、かしこく判断し、たくましく生きる子どもを育てる

【キャリア教育にかかわる児童の実態】
○自分をさらに伸ばしていくことを知らず、発展性に乏しい
●より高い目標達成への欲がない
●経過や過程を重視せず、結果だけを帳尻合わせする傾向がある
●枠から外れたがらず内弁慶
●考えを人前で話すことが苦手

【めざす児童像】
やさしい子・かしこい子・たくましい子

【小野地域のキャリア教育の重点目標】
志をもち、自らの生き方を切り拓く児童・生徒の育成

【小野小のキャリア教育の目標】
みんなといっしょによりよく生きる子どもたちを育む

【めざす教師像】
・常に学ぶ姿勢をもつ教職員
・児童と学びの喜びが共有できる心をもつ教職員
・児童の成長を第一に考える教職員

児童が身に付けていく力や心

好きなことやできることを増やし、自分の可能性を広げていく力	高い目標や知的好奇心をもち、前向きに考えて、創造し挑戦する心	粘り強く努力して、達成感を得たり、失敗から学んだりする力	人や社会と積極的にかかわり、適応したり働きかけたりする力	自分の役割を果たし、人や社会のために役立つ喜びを感じる心

教科・領域を貫くキャリア教育実践上の視点

「自分事」として課題をとらえる動機づけ

・自分を見つめ自分と向き合う場面 ・選択と自己決定の場や時間 ・「～たい」を見つけ、こだわり続ける意欲付け	・さらに高い目標をめざす意欲付け ・憧れや理想のモデルに触れる機会 ・探究心をくすぐる場や時間	・課題に対し試行錯誤しながら取り組む時間 ・再チャレンジの機会 ・成長と変容を振り返る場面づくり	・進んで他者とかかわり、理解する時間 ・ねらいを明確にした異学年交流 ・地域とつながる学習活動	・役割を明確化し、分担・協力する場面 ・プロセスの可視化 ・成果を実感し共有する時間

本物や本質に触れる豊かな体験活動・ゴールがイメージできる単元構成

自分の学びをふり返る「内省」の時間

【各教科】
・自分の能力や適正を知り、それらを伸ばす意欲を育むとともに、基礎学力の向上を図って自己肯定感を育む
・課題解決的な学習形態を工夫し、児童自らが考えたり判断したりする力を養う
・友だちと学び合う過程を重視し、力を合わせ解決することのよさを味わわせる

【総合的な学習の時間】
・自ら課題を見つけ、追究し解決していく学び方を身に付けさせる
・地域の自然や社会、人々と主体的に関わる経験を通して、地域でよりよく生きようとする態度を育てる

各学年の重点目標

【低学年】
○自分のできることや得意なことを増やす
●上級生や上手な子を手本にして挑戦する
●自分で考えたり決めたりしたことを最後までがんばる
●自分の気持ちや考えを伝えて、協力して活動する
●自分の役割がわかり、活動に取り組む

【中学年】
○いろいろなことに興味をもち、好きなことに夢中になる
●目標をはっきりとさせ、難しいことでも自分らしく挑戦する
●失敗をおそれずいろいろな方法で、目標に向けて努力する
●ほかの学年や地域の人とのつきあい方を知り、進んでかかわる
●学級の一員として役割を果たし、人や学校に役立つことをする

【高学年】
○選んだことや決めたことにこだわりや自信をもって取り組む
●目標を高く掲げ、自分で課題をもち、解決のために工夫して行動する
●苦手なことや初めて体験することに失敗を恐れず取り組み、自分の行動をふり返って成長を実感する
●進んで地域とかかわり、知識を得、技能を高め、思いを生かす
●理想の実現に向け、リーダーシップをとったり役割を果たしたりすることで、人の喜びを自分の喜びと感じる

【道徳】
・友達のよさを認め、互いに助け合う心情を養う
・特徴を知り、良いところをのばしていこうとする心情を養う
・働くことの意義や喜びに気付かせ公共心を養う

【特別活動】
・学級活動や児童会活動では、学校生活の向上のために、話し合い活動を充実させ、自分の役割を果たす態度を育む
・クラブ活動では、同好の仲間と活動を作り出す経験を通して、個性の伸長と協力性を育む
・学校行事では、主体的な関わりと活動のふり返りを通し、喜びや達成感を味わわせ、自分の成長を意識させる

【北中学校との連携】
・中学生が身近な成長のモデルを示し、小学生が理想やあこがれを抱く
・児童生徒が共に参画する学校行事を連携の場とする

るものである。指導計画を作成する過程で、各教科等の中でどの部分がキャリア教育の実践に使えるか、実効性を考慮し単元の絞り込みを検討した。児童が身に付けたい五つの力や心に合わせて五色の付箋を用意し、年間の単元配列表から単元を抜き出して全教員で妥当性や他の可能性を探り、追記したり新たな付箋を付け足して全員で検討した。

完成した教師用キャリアシートは、台紙に貼り付けた状態で、実践するたびに児童の反応や手だての有効性をシートに記録して常に確認できるようにした。単元の最後には、ゴールの姿と重なるような写真を選び、キャリアシートに添付することでまとめとした。

児童用キャリアシート（右表・六年生総合学習の例）では、キャリア教育を実践する単元において、身に付けて欲しい力や活動場面が、あらかじめ教師から示されている。児童一人一人は、教師が示した力や姿に向けて、自らの目標を立てる。「ゴールのイメージ」を書く際、ポイントは、「力を身に付けた自分の姿や理想とす

キャリア・シート

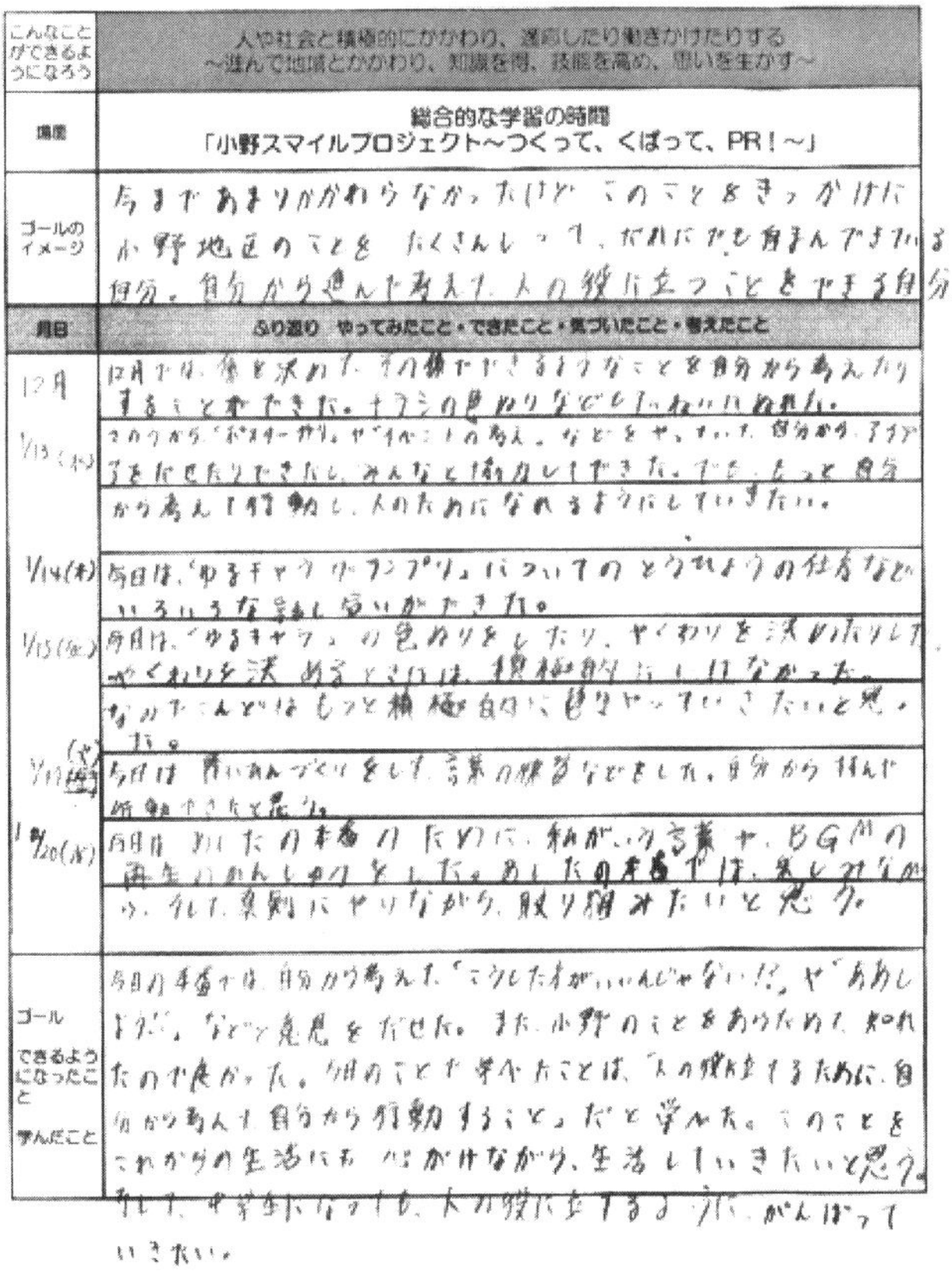

四年生社会科の本時における指導案展開例

本時の学習（9／10時間）

【社会科のねらい】

道具の変化には、人々の思いや願いが関わっていることを考え、表現することができる。


【キャリア教育の視点で目指すゴール】

自分たちが関わった人々の思いや願いを生かすために、自分の考えを進んで伝えることができる。（橙色）

【準備】 指導者：パソコン・テレビ・実物資料・吹き出しカード・教師用キャリアシート
児　童：道具カード・紙芝居シナリオシート・筆記用具・児童用キャリアシート

【展開】

学習活動	時	支援及び留意点 評価項目（評価の観点）［評価方法］	☺キャリア教育実践上の視点 見取り
○前時の活動をふり返り、本時の課題と見通しをもつ。	10	・前時に作った紙芝居で道具の変化を振り返らせ、既習内容はインターネットの調べ学習と同じようで使い方しか分からないことに気付かせる。 ・児童が作成した道具カードのうちの一部を取り上げ、思い出や苦労話などが詳しく書かれていて、おもしろいということを実感させる。 ・道具の変化に対する人々の思いや願いを例示し、紙芝居を改良しようという意欲を育む。 「思い」…「苦労した」「便利になった」「楽しかった」等 「願い」…「もっと楽にしたい」「もっと便利ならいい」等	☺自分事として課題をとらえる動機付け
【学習のめあて】道具の変化には、どのような人々の思いや願いがこめられているのだろう			
		・「人々の思いや願いを吹き出しカードに書き出す」「グループで吹き出しカードを並べてせりふにする」という手順を確かめる。	
○一人で情報を整理し、生かしたい情報を確認する。	5	・児童が作成した道具カードのうち、人々の思いや願いに関わる部分を吹き出しカードに書き写させ、話し合いに生かせるようにする。 ・考えをまとめたり伝えたりするのが苦手な児童には、生かしたい情報を聞き出すなどして、進んで話し合いに参加できるようにする。	
○集めてきたエピソードをグループで伝え合い、紙芝居のシナリオを改良する。	20	・グループでの意見交流では、吹き出しカードを分類したり、選別したり、並べ替えたりさせる。 ・グループを回ってアドバイスをすることで、道具の変化につながる思い出話や、一人一人のこだわりが生かされるようにする。 ・「どんな願いがあったか」を話し合わせ、吹き出しカードに書かせることで、道具の変化と人々の願いの関わりに気付かせる。 ・人々の思いや願いを表現できているグループの作品を、一部紹介する。	☺進んで他者と関わり理解する時間 自分たちがかかわった人々の思いや願いを生かすために、進んで考えを話したり聞いたりしている
○何が学べたか、ふり返る。	5	・めあてをふまえ、ノートに感じたことを書かせる。 ・道具と人々のくらしの変化をまとめる。	
道具の変化と、人々の思いや願いが関わっていることを考え、表現している（思考・判断・表現）			
○どんな力がついたか、ふり返る。	5	・キャリアシートに、できたことを記入させる。	

る自分の姿」「終わった後に変化していたい自分の考えや思い」など「姿」や「思い」を書くことである。これにより、漠然とした事実の振り返りではなく、自身の成長や変容に目を向ける児童を育てることができる。単元の最後には、児童が「ゴール」として単元で学んだことや、できるようになったことを、最初に記した「ゴールのイメージ」と照らし合わせて振り返る。キャリアシートは、キャリアノートに貼り付けて蓄積していく。

3　授業実践

小中学校の九年間を見通したキャリア教育の実践を進めていくためには、全学年で共通理解をもって、全教科・領域等を通じて横断的に実践をしていくことが重要である。キャリア教育の指導計画に基づいた、キャリア教育の視点を取り込んだ指導案の形式を基に一人一回以上の研究授業を実践した。実践後には、本校で取り組むキャリア教育が五つの心や力につながったかを、キャリアシートを基に評価検証した（前頁表）。展開の中には、教科のねらいとキャリア教育の視点で目指すゴールの姿を盛り込んだ。

四　おわりに

本校のキャリア教育の実践は、全教育課程の中で横断的に取り組んできた。実践する中で教科によっては単元・題材のねらいとキャリア教育で目指すゴールの姿を、どのように評価するかが課題として残った。しかし、キャリアシートを活用して、特別活動においても見直しや改善が図られ、児童が主体的に関わろうとする場面が多くなった。教師自身もキャリア教育の視点で意識して児童の活動を見極めたり、単元構想や課題の与え方を工夫できるようになってきたことは大きな成果と言える。

また、小中連携により、子どもたちの成長過程が実感としてとらえられ、さらには、小中の校長が中心となって地域協議会を組織することなどを通して、教育が地域と共に成り立っていることを改めて実感できた。地域力を活用することの意義や価値を再認識した。

今までの成果を踏まえ、校長として、教職員への継続的な意識付けを行い、キャリア教育の充実を図っていきたい。

2 P・D・C・Aサイクルに基づく教育課程

「明強《めいきょう》の子」育成を目指した教育課程を基盤とした学校経営

静岡県沼津市立第二《だいに》小学校長　杉　本　雅　弘

〈本校の概要〉

本校は、静岡県東部沼津市の中心部に近く、近くには、千本松原が広がり、海の玄関口である沼津港を学校区にもち、温暖で風光明媚な地域にある。創立は明治六年、当時の名称は、「明強舎《めいきょうしゃ》」。全校児童数二百十三名、九学級（外に言語通級適応指導教室）の学校である。

教育目標は、「豊かな心をもち、本気で考え、力いっぱい運動する子」である。平成二十八年度より二年間、沼津市「学力パワーアップ研究」の指定を受け、算数科を窓口とし、「考えを深め、共に高まろうとする子」の育成を目指し、研修に取り組んでいる。

一　はじめに

学校の概要において触れたが、本校の創立時の名称は、「明強舎」である。これは、『中庸』の一節「果《はた》してこの道を能《よ》くすれば、愚《ぐ》と雖《いえど》も必ず明《めい》に、柔《じゅう》と雖《いえど》も必ず強《つよ》し」に由来すると聞いている。本校では「明強の子」を「努力を惜しまず、確かな学力・思いやる心・強い体を身に付けようとする子」ととらえている。

校名が、現在の沼津市立第二小学校となっても、この「明強」という言葉は、卒業生や地域から、愛され、親しまれている。子どもたちにも「明強」は浸透しており、児童会スローガンにも用いられている。

私は、本校に赴任して平成二十八年で三年になる。一年目は現状把握と分析に力を入れた。本校は、少子化の影響が強く、多いときは、千五百名を超えていた児童数は、二百名まで減り、単学級の学年が増えてきた。少子化が子どもたちに与える影響も多いと思われる。

これまで三年間の学校評価アンケート調査結果の分析と併せ、全国学力・学習状況調査の結果にも着目した。

その結果、「自己肯定感が低い児童の割合が、やや高い。」、「学習に主体的に取り組む児童の割合がやや低い。」（学力の二極化構造）、「進んで運動に取り組む児童の割合が低下傾向にある。」（新体力テストの結果、走力と投力に課題有り）の三つの課題が明らかになった。

そこで、これらを本校の重点課題ととらえ、二年目以降のグランドデザインに反映させた。対策として、

①子ども主体で、所属意識がもてる教育計画
②一人一人を大切にした指導
③主体的・対話的な学びを育む授業改善と地域連携
④家庭と連携した学習習慣と基礎・基本の定着
⑤体力向上を意識した学級経営

以上、五つの柱を考えた。

二　具体的な取組

年度末の学校評価会議において、今年度の学校評価及び全国学力・学習状況調査質問紙データ等を提示し、校長としてとらえた本校児童の三つの課題を伝えた。

そして、「授業は、子どもの豊かな潜在的可能性を引き出す活動の場である。授業で子どもを伸ばす必要があること。その中でも、次年度の教育課程の編成・改善の重点に、五つの柱を据え、課題解決に向けて取り組むこと」をP・D・C・Aを大切に確認した。

また、前期終了時点で児童の実態の把握に努め、その結果を教職員だけでなく、保護者、地域、そして、児童とも共有し、必要に応じ対策を講じていくこととした。

1　子ども主体で、所属意識がもてる教育計画（P編成）

沼津市では、「がんばる学校応援事業」として、地域人材や大学等の専門家を講師に招ける予算が、年度当初に配当される。今まで本校では、教員向けに、国語・算数を中心とした授業改善のための講師招聘を行っていた。

「理科好き育成」大学講師による授業

これを、子どもたちが直接指導を受けたり、関

平成２８年度グランドデザイン

沼津市立第二小学校

教育課題

① 明強舎創立精神の継承	② 開かれた学校づくり	③ 生涯学習社会への対応

《第二小職員の願い》
- ◎ 子どもたちの自己肯定感を高めたい
- ◎ 学習に主体的に取り組む態度を育てたい
- ◎ 進んで運動に取り組む子にしたい

未来を生きる力・確かな学力

《地域・保護者の願い》
- ・いじめのない明るく楽しい学級・学校
- ・一人一人を大切にした丁寧な指導
- ・将来に夢をもち、前向きに生きていく子
- ・基本的な生活習慣が身に付いている子

PLAN

学校教育目標

豊かな心をもち、本気で考え、力いっぱい運動する子

経営目標

笑顔いっぱい　進んで学び・高め合う子の育成

え　えがおで　　なかよく
が　がんばって　からだをきたえ
お　おもいを　　すすんでつたえあう

重点目標

進んであいさつ　　よく見て聴いて考える
進んであいさつ90%　見て聴いて考えを深める85%

教育活動と数値目標　「学校が楽しいと感じる」児童95%

DO

外部講師活用　**チーム明強**　地域人材活用

沼津市学力パワーアップ研究指定（算数）

本気で考え共に学び合う子の育成[3-3]

「算数の勉強がすき」児童90%
「進んで読書をする」児童90%
- ○学力保証(基礎基本と適切な評価)
- ○主体的な学び、学習の約束の徹底
- ○ユニバーサルデザイン化(小中連携)
- ○読書活動の奨励　○言語科の推進
- ○交流と書く場面の工夫　**考えを深める**

豊かな心が育つ生徒指導、道徳、特別活動[3-4,5]

「将来の夢や目標をもつ」児童90%
「自分によいところがある」児童85%
- ○共感的な児童理解、一人一人に寄り添う支援
- ○道徳的判断力を養う特別な教科道徳
- ○人権教育の推進（いじめ防止）ＪＲＣ活動
- ○ペア学年によるふれあい活動　**共に考える**
- ○優しい・温かい言葉遣い(自己肯定感アップ)

つながる

進んで取り組む健康・安全学習[3-4]

「進んで運動する」児童90%
「早寝早起き朝ごはん」児童85%
- ○教科体育の充実(全校で体力向上)
- ○家庭と連携した保健・食育指導
- ○自ら命を守る教育　**強い体をつくる**

ことばの教室(通級)[3-5-(2)]

「通級してよかったと感じる」児童95%
- ○個に応じたきめ細かな指導
- ○在籍校や関係機関と連携した指導
- ○保護者に寄り添った支援と保護者間連携

学びを支える

学校・家庭・地域の連携

家庭の協力　**研修テーマ　[3-3-(1)]**　専門機関の支援

考えを深め、共に高まろうとする子
－自分の思いを伝え合い、考えを深める授業づくり－

特　別　支　援　教　育　の　充　実

危機管理体制

防災・防犯
- ○危機管理マニュアルの作成・見直し
- ○地震･津波・不審者を想定した避難訓練の実施

生活安全
- ○施設設備等安全環境確保

交通安全
- ○ｽｸｰﾙｶﾞｰﾄﾞ・PTAと連携した登下校安全確保

計画的・組織的に子どもの命を守る

CHECK & ACTION

具体的な評価（課題共有）
- ○前期実施の児童・教職員アンケート
- 　学校評議員による前後期アンケート
- ○教職員自己評価　○全国学力・学習状況調査等各種調査の活用

保護者・地域への説明責任
- 後期実施の児童・保護者・教職員アンケート
- ○学校だよりによる説明

※（章-節-(項)）は沼津市教育基本構想に対応。沼津市教育大綱・教育基本構想の目的達成を目指す。

わったりできる地域人材や運動関連の指導者にも対象を広げ、教育計画に位置付けた。

静岡県教育委員会が編集した「人間関係づくりプログラム」を実施することとし、各学年の年間学習計画に取り入れた。児童理解研修会として課題を抱える子どもについての研修会を、年三回実施できるように、教育課程に位置付けた。

2　一人一人を大切にした指導（D実施）

子どもたちの自己肯定感を高めていくために、一人一人を大切にした、安定した学級経営を行うとともに、教育のユニバーサルデザイン化にも積極的に取り組んだ。

校内で研修会を行った後、足並みを揃えて取り組めるように、教職員向けに、「ユニバーサルデザインチェックシート」を作成した。それを、五、七、十、一月の年間四回実施し、学級経営を振り返る機会としている。

また、子どもたちを知る手だてとしては、「人間関係プログラム」のチェックシートを各学期に一度実施し、児童理解研修にスクールカウンセラーを招いて指導を受ける。一人一人のよさを生かした学級経営等、子どもたちの学級への所属感や自己肯定感の把握に努めている。

3　主体的・対話的な学びを育む授業改善と地域連携（D実施）

本校では、研修テーマを「考えを深め、共に高まろうとする子」、サブテーマを「自分の思いを伝え合い、考えを深める授業づくり」として、研修を推進してきた。

授業では、「よく見て・聴いて・考えを深める授業」、「ユニバーサルデザインを意識した授業」、「子どもたちが主体的・協働的に学ぶ授業」（算数の勉強が好きになる授業）、この三つを授業改善の柱に据えて取り組んできた。

平成二十八・二十九年度の二年間、沼津市教育委員会より、学力パワーアップ研究校（窓口教科は算数）に指定された。算数を窓口とした研究指定を受けたことで、その研究に加えて、算数の基礎学力の定着と主体的・対話的に学ぶ態度の育成に取り組むこととなった。

主体的な学習態度を育んでいくためには、体験学習を効果的に取り入れていく必要がある。

そのために、「明強学習」（総合的な学習の時間）は、地域人材と資源の活用と教材化に取り組んだ。

千本松原と増誉上人の話を聴く会

第二小学校区には、沼津港があり、海（水産業）との関わりが深い。観光名所である千本松原もある。地域学習の素材は豊富である。

二年生は、生活科で、魚市場とその周辺の商店の見学を行っている。

「明強学習」においても、三年生では、地域の水産関係者の協力を得て「ひもの作り体験」、四年生は、地域識者による「千本松原と地域の良さ発見」、五年生は、地域の産業を調べる「第二小学校区の未来を考える」、六年生は、沼津市の行政と議会を調べる「沼津市民の一人として、自らの将来を考える」といったように、いずれも、地域の方々の支援を得ながら、貴重な体験学習を行っている。

4　家庭と連携した学習習慣と基礎・基本の定着（D実施）

学習習慣と基礎・基本の定着を目指し、小学校三年生を対象とした放課後学習支援教室を実施している。本校で退職した教員や本校にゆかりのある地域の方のご支援により、週一回、一時間の指導を行っている。希望制であるが、三年生の三分の二以上が参加している。

平成二十八年度は、タブレット型のノートPCが導入されたので、学習支援ソフトを活用し、個に応じた指導を更に手厚くし、定着を図っている。

各教科領域を横断的に年間の学習を見通し、「よく見て・聴いて・考えを深める」主体的な学習態度を身に付けるためのツールとして、子どもたちが自分の思いを、友達や他学年の児童・地域の方々と対話する場（本校では、「交流」と呼ぶ）を積極的に取り入れている。

家庭には、「早寝　早起き　朝ごはん」の協力を呼び掛けるとともに、ファミリー読書週間を設け、親子で読書に親しむ週間を設定したり、家庭学習の内容を全校で統一性をもたせ、見届けをお願いしている。

5　体力向上を意識した学級経営（C評価）

学年の半数が単学級のため、担任の運動に向かう姿勢が、そのまま子どもたちの運動に向かう姿勢となっていることが、学校評価児童アンケート結果に表れた。

　そこで、年度当初の職員会議で、本校児童の実態を、新体力テストのここ三年間の経年比較データを示し、走力と投力に課題があることを伝え、各学級ごと、体力向上を意識した学級経営に取り組むよう指示した。

　また、教職員人事評価自己目標シートに、体力面での記述を入れることにし、各学級担任が、具体的な手だてを講じる意識付けを行った。

元陸上オリンピック選手の招聘授業

　さらに、陸上指導力向上のため、陸上の専門家を招き、直接子どもたちを指導していただいた。教員には「指導のポイントがよく分かった。」と好評であった。学級担任の意識が高まったことで、子どもたちが、運動場に出る機会が増えた。

三　おわりに（A改善）

　本校児童の課題である「自己肯定感が低い児童の割合」、「学習に主体的に取り組む児童の割合」、「進んで運動に取り組む児童の割合」（特に、走力と投力）を解決していくためには、教員の力だけでは、十分ではない。社会に開かれた教育課程にしていくためにも、本校の課題と成果を積極的にアピールしていく必要がある。

　そこで、本校では、地域・保護者には、学校だよりやホームページだけでなく、各種会合へ校長・教頭が足を運び、日頃の支援のお礼と新たな支援の依頼をしている。

　同様に、子どもたちに対しても、「朝会」を本校児童の課題と成果の発表の場として活用している。子どもたちは、実態を知ることで、自らの課題を意識することができ、全校で取り組む雰囲気が醸成されてきている。

　これからも、「知・徳・体」のバランスよい「明強の子」育成に尽力していきたい。

3　外部資源の活用を図る教育課程

地域スタッフ・大学生スタッフが協働するカリキュラム・マネジメント

愛知県津島市立南《みなみ》小学校長

浅　井　厚　視

〈本校の概要〉

津島市は、愛知県西南部に位置し、牛頭天王信仰で栄えた津島神社の門前町として、また、明治以降は尾西毛織物王国の中心地として繁栄してきた。本校は、江戸時代の寺子屋を起源とし、明治初めの義校を経て、津島第一尋常小学校・津島第一高等小学校として多くの卒業生を輩出してきた。児童数は四百六十五名。十五学級。現在、学校の沿革史上最も少ない児童数となっている。

本校は、「愛知県の人権教育の魁《かい》の学校」を目指しており、「実践の歩み」として毎年発行してきた研究紀要は、平成二十七年度末で第四十二集を数える。

一　はじめに

なぜ外部人材を生かしたカリキュラム・マネジメントを進めるのか。それは私自身の体験に基づいている。私は三十代の後半に教職を辞し、三年間愛知県内の発掘調査を担当した。清須城本丸付近の発掘（愛知県清須市）では、石垣石から墨書を発見し、織豊期の城普請の在り方について論文をまとめ、研究会等で発表した。以来、公民館や歴史民俗資料館で郷土史の講座を担当したり、様々な学校（小・中・高・大）で出前授業の講師も務めたりしている。

この経験を通して、私は専門家のもつ授業力に着目した。本物の魅力を伝えることができる方に授業を。「餅屋は餅屋」。実物資料を持ち込んだ質の高い授業。経験した者（専門家・職人・名人・プロ）でなければ語れない授業をしてほしいと思う。授業参観・参加する教師にとっても、生きた教材研究の場になればと考える。併せて教材のもつ魅力を大切にした柔軟なカリキュラムづくりを目指したいと思うようになった。

津南小学校　外部人材を活用したカリキュラム・マネジメント

教科	４年生　国語「短歌・俳句教室」 【講師】校区在住　歌人 ４年生　保健学習「歯と歯ぐきの健康」 【講師】市保健センター　保健師・管理栄養士 ５年生　保健学習「食まるファイブ　五つの栄養素」 【講師】市保健センター管理栄養士 ６年生　社会科「ぼくらの朝日遺跡」「信長探検隊」 【講師】県埋蔵文化財調査センター　調査研究員
特別活動	全学年　交通安全教室・高齢者ふれあい交通安全教室 【講師】校区交通安全協会　校区老人クラブ 全学年　人権集会・人権講話「あいあい集会」 【講師】あま市教育相談センター　所長
人権総合学習 総合的な学習の時間	３年生「あったかいね、おじいちゃん、おばあちゃんの手」 【講師】校区老人クラブ ４年生「福祉実践教室」 【講師】市社会福祉協議会 ５年生「国際交流活動」 【講師】フリージャーナリスト（国際ボランティア活動経験者） ６年生「再発見！ふるさと津島そして自分」 「津島の達人ジュニア歴史検定　出前授業」 【講師】市観光ボランティア協会 津島の達人ジュニア歴史検定実行委員会 全学年「ストーリーテーリング」（読み聞かせ） 【講師】お話の会　ポケット（一宮市）
環境整備	学校環境整備「学校の花壇まわりをきれいにしよう」 外部人材　ＮＰＯ法人「みなみ」会
補充学習支援	４・５・６年生「ラクラク算数教室・ドキドキ文化教室」 【講師】南風クラブ　学生スタッフ10名程度　年５日間 全学年・毎日　「授業での個別学習支援」８名 【講師】学生スタッフ
ＰＴＡ	全学年「親子星空教室」 【講師】市内天文クラブ　150名参加

【外部人材を活用したカリキュラム・マネジメントのための組織】

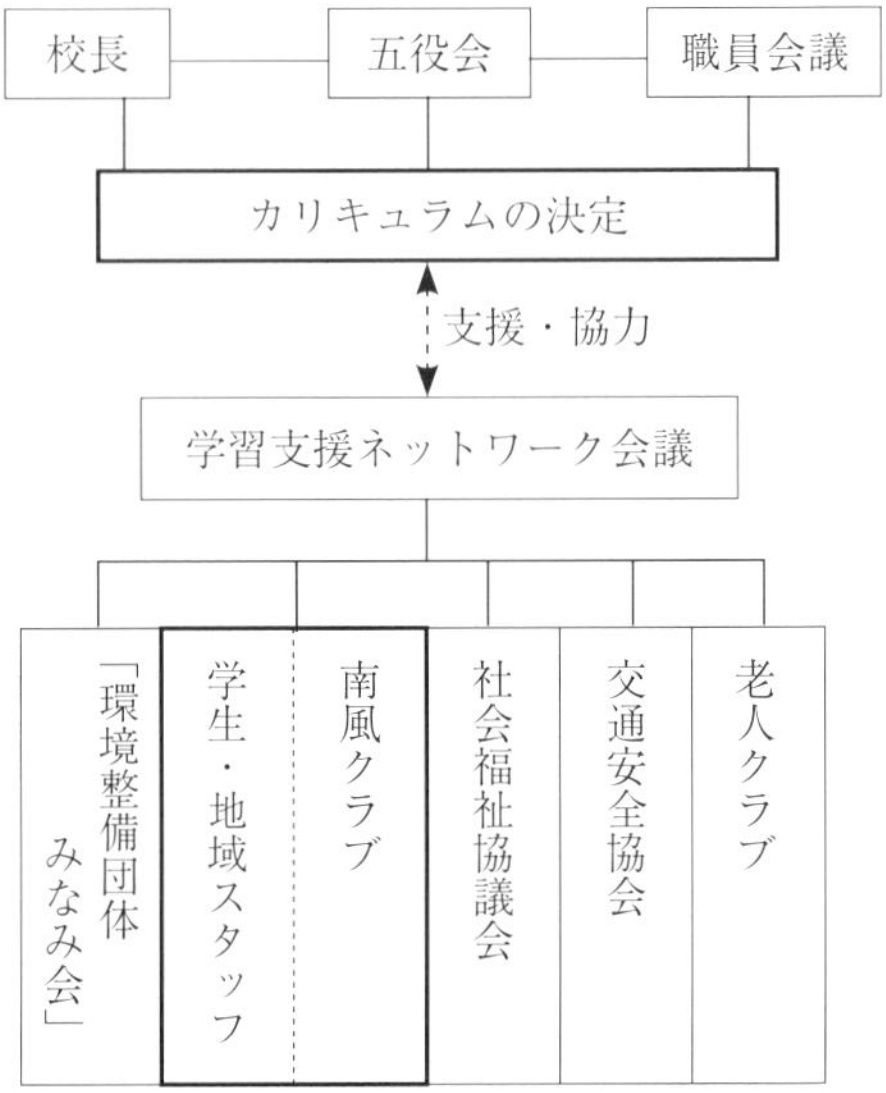

二　なぜ外部人材を活用するのか

本校の特色は、愛知県の人権教育の魁《さきがけ》の学校としての歴史にある。昭和六十三年に県同和教育研究グループに参加して以来、県同和教育研究会・県人権教育研究会を経て、一貫して人権教育の中心校として実践を積み重ねてきた。平成十一年度・十二年度には、旧文部省の「人権教育指定校」として研究発表を行った。現在も当時からのテーマである「ひらかれ、むすばれていく子どもたち」を継続研究し、「人権総合的学習」を通して、違いを認め合い、共に生きる学習活動を展開している。最近は、ＳＳＴ（ソーシャルスキルズトレーニング《社会生活技能訓練》）と結び付け、教科・道徳・総合的な学習の時間と学校生活とを関連させ、「為すことによって学ぶ」人権教育の在り方に力を入れている。

「人権総合的学習」を進めるに当たり、自己中心的言動を少なくし、人との関わり方を上手く行うことが必要な力となった。子どもたちが、コミュニケーション能力を身に付けるためにも、外部人材を学校にゲストティーチャーや学校支援スタッフとして招くことを継続した。

三　いつ、どのように外部人材を活用するか

平成二十八年度から、本校に学校支援地域本部「南風クラブ」を立ち上げた。本部長とコーディネーターを置き、学校の要請により、学生スタッフと地域スタッフを学校に派遣する事業が開始された。本部長とコーディネーターは、ＰＴＡ役員を務めた保護者で、子どもたちの

出前授業のゲストティーチャーも行ったことのある二人に依頼した。

実際、カリキュラムの決定は、学年会と五役会（校長・教頭・教務主任・校務主任・事務職員）が行う。学年会が案を作成し、五役会・職員会で承認することを基本としている。

「人権総合的学習」については、この二十年間実践を積み重ねる中、前掲表の通り「三年生　あったかいね、おじいちゃん・おばあちゃんの手」「四年生　福祉実践教室」「五年生　国際交流活動 国際ボランティア活動に学ぼう」「六年生　再発見、ふるさと津島そして自分」のカリキュラムを確定してきた。学年会で大きな学校行事を避けた時期に、十五～二十時間の実践である。いずれも地域在住の方を外部講師（ゲストティーチャー）に招いた実践である。また、人権総合的学習や生活科においては、保護者の方に付き添いボランティア（地域スタッフ）として、体験・見学・訪問への参加をお願いしている。

本校では十二月の人権週間に「アイアイ集会」と呼ばれる人権に関する集会を開催している。この集会では、各学級で人権に関する標語を作成し、模造紙にまとめ、発表している。その後でゲストティーチャーが子どもたちの実態に合わせた人権講話をしている。

平成二十七年度から力を入れているのは教科の学習での外部講師（ゲストティーチャー）の積極的な活用である。四年生では、歌人として著名な保護者に「俳句・短歌教室」のゲストティーチャーを依頼した。講師をどのように発掘するかが重要なポイントとなる。たまたまPTAの役員を務めていた講師と談話しているうち、市内の短歌会を主宰し、全国の大きな短歌賞を毎年獲得していることが分かった。そこで四年生の担任と相談し、国語「詩を作る」授業の中で言葉遊びのワークシートを行った後、俳句を創作した。最近のテレビ番組（ゴールデンタイムに俳句を作り、俳人が作品のレベルの格付けを行う）の影響もあり、子どもたちからは「楽しく作品を作ることができた」「俳句は面白い」などの声を聞くことができた。

97頁表のように、六年生では、愛知県埋蔵文化財調査センターの調査研究員に社会科（歴史）の出前授業を依

大学生スタッフと学習会

頼した。また、五・六年生では、市保健センターの保健師と管理栄養士が「食育（食まるファイブによる偏らない栄養素の取り方）」のゲストティーチャーを務めた。いずれも所属センターから出前授業の照会があり、担当学年と綿密に打合せをして、出前授業をお願いした。

本校では大学生スタッフによる児童の学習支援が、学校経営の大きな特色となっている。大学生のボランティア活動を積極的に受け入れており、毎日交代で一人か二人の大学生が来校している。現在八人の学生が、ＴＴ（ティームティーチング）のＴ２と同じような役割を果たしている。大学生の募集については名古屋市内の私立大学を中心に、口コミでメンバーを広げてきた。平成二十八年度から市教育委員会の学校支援地域本部の統括コーディネーターによる斡旋もお願いしている。

また、夏休みの最後の三日間と冬休み前の日曜日の二日間、希望する四・五・六年生の児童に算数の補充学習を実施した。「ラクラク算数教室・ドキドキ文化教室」と名付け、計算学習のつまづきに気付き、プリントによる繰り返し学習を行った。校区にある南文化センター（隣保館）を会場として大学生と児童が一対一、一対二で学習を行った。参加した児童は「大学生のお兄さんお姉さんと学習して、計算のやり方がよく分かった」「ペーパークラフトや料理など楽しい学習に取り組むことができた」等、感想を書いていた。

平成二十七年度から、夏休みの夕方「星空教室」を実施している。家族による参加を基本としている。ＰＴＡにも共催を依頼し、教室参加者の受付と資料の配付をお願いした。講師は市内の天文クラブのメンバーで、平成二十八年度には六名の講師が来校し、学校にあるものも含めて十台の天体望遠鏡が運動場に並び、火星・木星・土星の天体ショーを楽しんだ。保護者・児童を合わせて百三十名の参加者があった。本校教職員の熱い思いから、講師を見つけ出し、実現した外部講師（ゲストティーチャー）の招聘であった。

四　外部人材（ゲストティーチャー）を活用したカリキュラム・マネジメントの実際

(1)　六年生・社会科「信長探検隊」の出前授業

六年生の社会科（歴史）で、県埋蔵文化財調査センターの調査研究員をゲストティーチャーに招いた。事前に二回、校長と六年生担任とゲストティーチャーで打合せた。授業以前の歴史学習について確認し、教材と発問の検討を行った。戦国時代の埋蔵文化財を実物資料（教具）として、山茶碗《やまちゃわん》・擂鉢《すずりばち》・天目茶碗《てんもくちゃわん》を展示した。メールで連絡を取り合い、簡単な学習指導案も作成した。

出前授業では最初に「織田信長」の肖像画を提示し、天下布武《てんかふぶ》の過程を確認した。交通の要衝や商業地を押さえながら、「勝幡城→清須城→小牧山城→岐阜城→安土城」と拠点を変えていったことを教えた。桶狭間の戦いでは信長の家臣団の津島衆が活躍したことも付け加えた。

次に「長篠合戦図屏風」を教材とした。①設楽ヶ原の戦いの特徴、②織田軍が武田軍に勝利した理由について話し合った。「旗さしものを皆が持っている」「馬防柵を使い、火縄銃による三段撃ちが行われた」「火縄銃と騎馬隊による戦いであった」などの意見が出た。

最後に「清洲城下町遺跡」から出土した埋蔵文化財を基に、戦国時代の武士の生活についてイメージを深めた。

子どもたちは、「授業はすごく分かりやすかった。茶碗や鍋、擂鉢や鉄砲玉をさわる体験ができ、この授業で昔はどんなものを使い、どんな戦いをしていたかがよく分かった。また授業を受けたい」「鍋が大きめなのに軽いことに驚いた。擂鉢は今でも同じような物を使っているので、昔と同じだったということが分かった。鉄砲玉は予想以上に重かった。信長が身近に住んでいたことがよく分かった」と感想を書いていた。

(2)　四年生「人権総合的学習　福祉実践教室」

毎年、四年生の人権総合的学習では「障がい者理解」をテーマとしている。自分と異なる価値や生き方をしている人たちと出会い、ふれあうことをねらいとしている。

この学習は、市社会福祉協議会の助成事業で、市内の全小学校で実施されている。

四年生の担任は新しい年度を迎えると、市社会福祉協議会と打合せを複数回行い、福祉実践教室で体験する学習内容を決定する。平成二十八年度は「手話」「要約筆記」「点字」「車椅子体験」の四つを学習内容とし、それぞれで外部講師（ゲストティーチャー）を招いた。子どもたちは興味関心に従い、四つの中から一つ学習を選択した。

四つの学習に分かれる前に、全体会を行い、「福祉と障がい」についての講話を聞いた。車椅子体験のゲストティーチャーを講師として、障がいと共に生きること、福祉の心とは「ふだんのくらしができる幸せ」であることを体験を通した話の中で聞くことができた。

競輪選手であった講師からは、練習中の事故により車椅子の生活を余儀なくされたが、車椅子に座るとまた別の世界を見ることができ、新しい仲間と出会うことができた、という感動的な話がなされた。

また、福祉実践教室では、講師の先生方の接待・手伝いを地域スタッフ（保護者）に依頼した。当日十名を超える参加があり、子どもと共に社会福祉について考える機会となった。

五　おわりに

外部人材の積極的な活用を行っているのは、楽しく分かる授業づくりを進めるためである。子どもたちのモチベーションを高める学習内容と学習方法で、教師以上に教材に造詣のあるゲストティーチャーや学習支援スタッフ（地域スタッフ・大学生スタッフ）と複数回打合せながら、カリキュラムづくりを進めていきたい。こういった外部人材の積極的な活用（「餅屋は餅屋」という考え方）は、教職員の経験知や教材の引き出しを豊かにするとともに、効率的な教材研究となり、多忙化解消にも役立つと考える。

課題としては、子どもたちにとって身近で魅力的な外部人材をどのように見つけ出していくか。また、学習コーディネーターの役割を誰が担うのかも課題であるが、子どもたちのために課題を克服し、学校支援地域本部の力を借りて皆で邁進してまいりたい。

4　アクティブ・ラーニング（主体的・対話的で深い学び）を重視した教育課程

学びの質や深まりを大切にした教育活動の推進

富山県砺波《となみ》市立出町《でまち》小学校長

山本良一

〈本校の概要〉

本校は、富山県砺波市の中心に位置し、校区には、全国的に有名な「となみチューリップフェア」の会場がある。また、二百二十年以上続いている「出町子供歌舞伎曳山」には、毎年、本校の子どもが出演し、生き生きとした立ち回りを見せている。創校百四十四年、児童数四百三十三名、十七学級の学校である。

創校以来の「節文」の教育理念（けじめがあって、華のある子）の実現を目指し、自主研究発表会を続けている。平成三十年度は、第五十回の節目となり、全職員が一体感と情熱をもって信頼に応える学校づくりに努めている。

一　はじめに

創立百四十四年を迎える本校は、永く「自己実現の喜びをもつ授業の創造」をテーマに掲げ、「自分の思いや願いをもって取り組み、活動や体験、他との関わりの中で自分の考えを練り上げていく子ども。そして、できた喜びややり遂げた成就感を味わえる子ども」を目指してきた。

平成十五年からは、「生きてはたらく力」の向上を掲げ、教科の学習で得た知識や技能が日常的な生活の中で生きてはたらくことによって、より確かな学力として身に付くよう、育てたい力を十五の「生きてはたらく力」に具体化して実践に取り組んだ。この「生きてはたらく力」は、「自ら学び、自ら考える力」を育てるための中核になる力と考えている。

このように、本校にはアクティブ・ラーニングの言葉を使わずとも、その視点に立った実践が行われてきた経緯がある。そこで、学校として研究実践に取り組む際には、まず、全教員で、学習指導要領改訂の背景、次期学習指導要領が目指す姿について共通理解し、その上で、これまでの研究実践や教育活動、内外環境等をアクティブ・ラーニングの視点で分析、整理し、本校の研究に生かしていくことが大切であると考えた。

二　アクティブ・ラーニングについての共通理解

1　校長講話によるアクティブ・ラーニング研修

学級担任は、いつも目の前の子どもの指導で頭がいっぱいである。そんな教員一人一人が教育改革の意義を理解し、アクティブ・ラーニングの視点から授業改善に取り組んでいくために、まず、校長自ら資料を作成し校内研修会等で説明するようにした。特に、今の子どもが大人になった時の社会の状況や、その時、必要となる資質・能力について説明を行い、「理解していることを使ってどのように社会、世界と関わり、よりよい人生を送るか」ということが大切であることを確認した。

2　教員によるアクティブ・ラーニング「ミニ研修」

学級担任も教員向け研修会で、教育改革の意義やアクティブ・ラーニングについて研修をする機会がある。しかし、なかなかその波は教室の中まで入っていかない。そこで、週二回の職員終礼に「ミニ研修」の時間を設け、研修会等で学んできたことを伝え、共有する時間をとるようにした。短時間で分かりやすく人に伝える工夫をすることで、発表者自身の自己理解を深めることにもつながっている。

終礼を使った「ミニ研修」

三　「アクティブ・ラーニングの視点」からの分析

1　本校のＳＷＯＴ分析

本校では、ＳＷＯＴ分析（マーケット論）の手法を用いてアクティブ・ラーニングを推進する際の内外環境等を全教員で分析し、強みや弱み、機会や脅威を明らかにした。（図1）

図１　内外環境分析の結果

アクティブ・ラーニングを推進する際の内外環境の分析（ＳＷＯＴ分析）

〔外部環境〕	〔内部環境〕
機会(Opportunity) ○ 特色ある校舎（ﾋﾞｵﾄｰﾌﾟ、エコ施設等） ○ 学校は「まちの夢のかたち」（地域の期待） ○ 協力的な地域、保護者（総合、見守り活動等） ○ 文教ゾーンを形成（幼保小中が近い） ○ 粋な伝統文化（出町子供歌舞伎等）	強み(Strength) ○ 反応のある子（問い掛け、挨拶、返事等） ○ 思いや考えを書く（「学び」「読書カード」等） ○ 学校を大切に思う心（朝活動、ｱｲﾃﾞｨｱ活動等） ○ 特色ある教育活動（歌舞伎、夜高祭、ﾋﾞｵﾄｰﾌﾟ等） ○ 研究の積み上げ、教員の使命感
脅威(Threat) ○ 交通事故、不審者等、安全への配慮 ○ 家庭環境の厳しさ（虐待、貧困等） ○ 都市化の進展による地域の希薄化 ○ 教育環境阻害「指導対象施設」の増加 ○ 関係諸団体、対外行事等への対応	弱み(Weakness) ○ 子ども同士で折り合いをつける ○ つながりをつくる教師の振舞い ○ 家庭学習の習慣が未定着 ○ 担任の半数が若手教員（ミドル層不足） ○ 時間外勤務による多忙化

図２　特色ある実践の検討

本校の内外環境の分析と方策の検討	＜特色ある実践の検討＞
＜本校の目指す姿＞ ○ 生き生きと学び続ける子供	
＜本校の内外環境の要因配置 ＞ （支援的要因）外 ○ 地域、保護者が協力的 ○ 伝統文化を継承する地域人材 ○ 出町文教ゾーンを形成	（強み）内 ○ 反応のある子 ○ 思いや考えを書く ○ 学校を大切に思う心
＜支援的要因と強みを生かす方策＞ ○ 教科横断的な学びをデザイン ○ 本気の学びを生み出す授業づくり ○ 学校生活向上を目指す児童会活動	

図３　改善を必要とする実践の検討

本校の内外環境の分析と方策の検討	＜改善を必要とする実践の検討＞
＜本校の目指す姿＞ ○ 生き生きと学び続ける子ども	
＜本校の内外環境の要因配置 ＞ （阻害的要因）外 ○ 家庭環境の厳しさ ○ 地域諸団体、対外行事への対応 ○ 事故等安全への配慮	（弱み）内 ○ つながる話し合い（対話力の育成） ○ 時間外勤務の増加（多忙感） ○ 家庭学習の不足
＜弱みを克服する、阻害的要因を解決する方策＞ ○ 「対話力」を育てるスキルタイム ○ 「家庭学習充実の日」の取組 ○ 折り合いを付ける話し合い活動	

そして、外部環境の機会と内部環境の強みを合わせて、本校の強みを生かした特色ある実践を検討した。（図２）

また、外部環境の脅威と内部環境の弱みを合わせて、アクティブ・ラーニングの視点から改善を必要とする実践の精選を行った。（図３）

２　「四つの重点項目」の設定

ＳＷＯＴ分析の結果をまとめた資料（前頁図１～３）を校内研修会で提示し、強みを生かした実践の方策や問題解決策について、「四つの重点項目」に絞り込み（図４）、学校全体で取り組むよう共通理解を図った。

図４　４つの重点項目

一　学びと生活を結び付けた単元構想
二　「思い」を伝えるための言語活動の充実
三　主体的・協働的に探究する特別活動
四　自主的な学びを支援する家庭学習定着の取組

以下、一～三について、本校で取り組んだ実践例を紹介する。

四　学びと生活を結び付けた単元構想

１　「学びのプロセス」基本構想

研究主任との連携を密にして、校長もなるべく研究推進委員会に顔を出し、中央教育審議会の「論点整理」等が重視している教育の方向を、具体的に解説していくようにした。

協議の中で、本校のこれまでの実践には、やや教師や指導内容の都合から導き出された無理のある文脈があり、それが学び取った知識や技能が生きて働かない一因になっていたと分析した。

そこで、本校では、教科の学びと課題とを往還する「単元を貫く課題」を設定し、そこに「教科横断的な視点」も加味することで、教科の学びの中で身に付けてきたことが、実際の生活の中で発揮される場面を、学習過程に位置付けた。（図５）

以下は、六年生理科「てこのはたらき」で作成した基本構想である。（図６）

○地震防災訓練での救助体験から、救助隊が持つ長い棒に着目し、「てこ」と災害救助を結び付ける。

○てこを傾ける働きと算

てこを使って災害救助を体験

図５　「学びのプロセス」基本構想（理科）

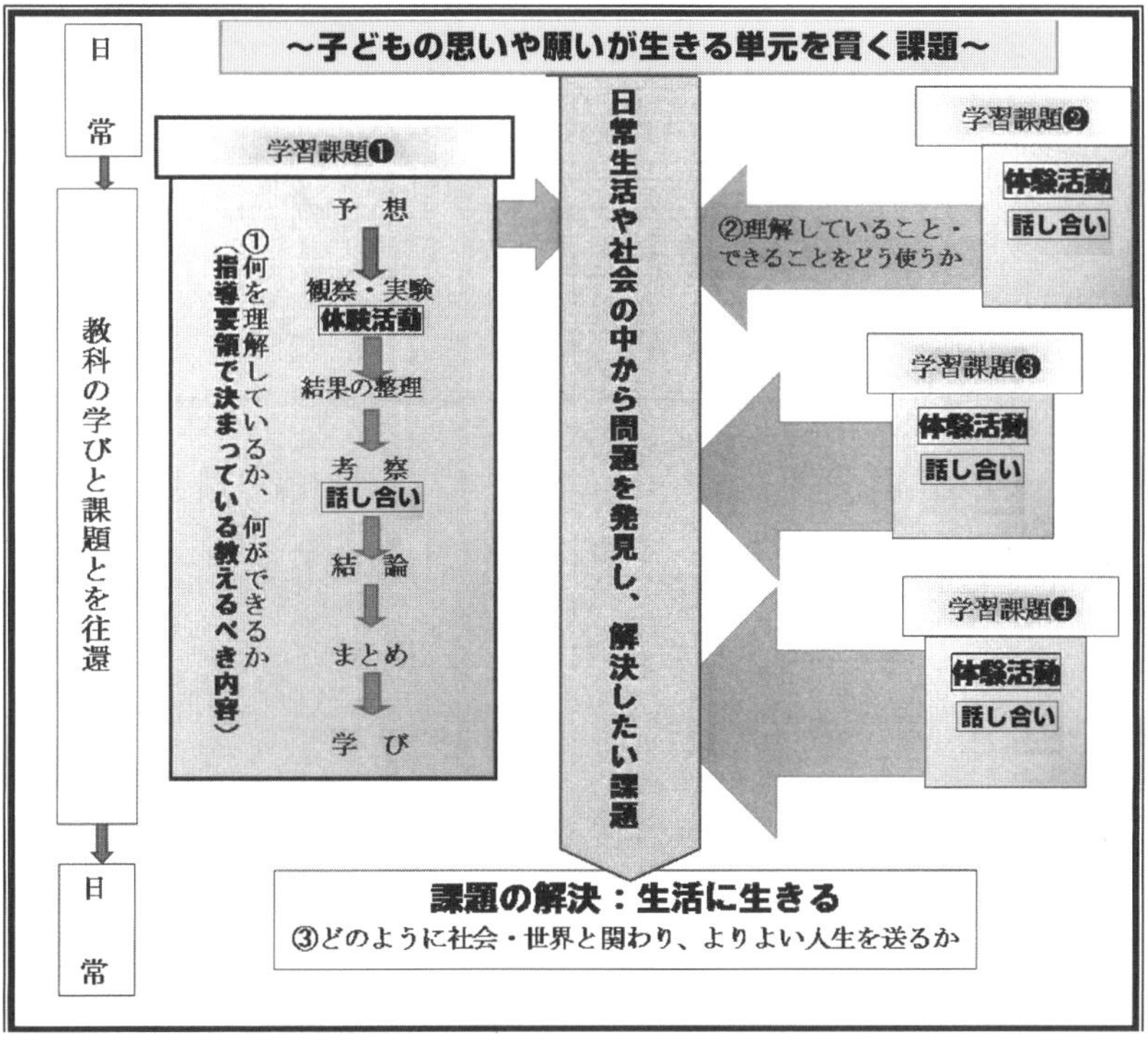

図６　「てこのはたらき」基本構想

単元名	6年生理科「てこのはたらき」	
単元を貫く課題	「てこのはたらき」と災害救助 ～なぜ災害救助の人は長い棒を持っているのか～	
横断的な視点	各教科	算数「比例」「反比例」
	道徳	「稲むらの火」 4－(7)郷土愛　3－(1)生命の尊重
	総合的な学習の時間	「立山登山に行こう！」 ・安政の大地震と立山カルデラの崩壊 ・常時観測火山の立山
	特別活動	「防災の日・地震防災訓練」【4　学校行事(3)健康安全・体育的行事】
		「いざという時の備えは」【1　学級活動(2)日常の生活や学習への適応及び健康安全、……(カ)心身ともに健康で安全な生活態度の形成】

数の「比例」「反比例」とを関連させるなど、互いの教科、領域で学んだことをうまく結び付け、強め合うことで、教科の学びと課題とを往還する単元設計を構想した。

五　「思い」を伝えるための言語活動の充実

校内研修会で、今の子どもが大人になった時の社会の状況を話した時、リーダー的な子どもの話をただおとなしく聞いているだけの子ども、前で発表する声が小さい子ども、人に聞いてもらっているという意識の弱い子どものことが問題になった。

また、砺波《となみ》っ子は、奥ゆかしい人柄である半面、自分の考えを主張することを苦手とする子どもが多い。そんな子どもたちが将来にわたって、外国からの人たちと共に仕事をしながら、自分の思いを実現していくために、当番のスピーチ、対話スキルタイム、インタビュータイム等を設定し、「思い」の伝えられる子どもの育成に努めている。

1　「対話力」を育てる「当番のスピーチ」と「対話スキルタイム」

どの学級にも朝の会で当番がスピーチをする時間がある。当番の話をきっかけに、子どもたちは、気になったことを尋ねたり、話の内容につなげて話している。その間、担任はニコニコと笑顔で聞きながら、キーワードを黒板に書き留めるなど、子どもたちが互いの顔を見合いながら聞き合えるよう支援している。

対話スキルタイム

また、週一回、スピーチ前の十分間に「対話スキルタイム」を設け、「質問の仕方」、「『たとえば』と『つまり』で語る」等のモデルを示し、子どもたちが互いを見て話を聞き合うことができる「対話力」を育てている。

2　豊かな語彙を身に付ける「読書カード」の工夫

さらに、分掌部会で子どもの「読書記録カード」の内容が話題になった。丁寧な字で分かりやすく書かれてい

るのだが、「すごい」の濫用が大変気になった。（図7）

図7　「すごい」の濫用例

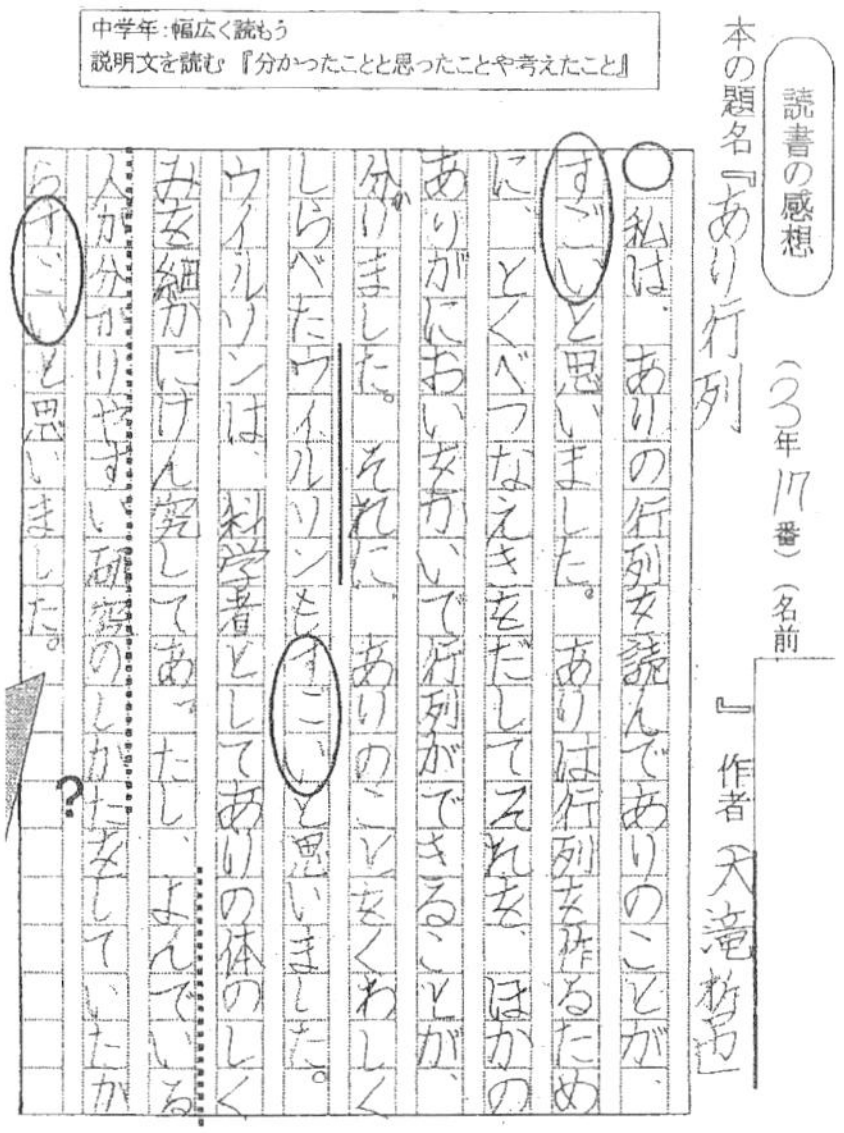

そこで、学校司書と連携し、子どもの語彙が増えるよう、読書記録カードに「思ったことや感じたことを表す言葉」を表記し、読書感想や授業の「学び」を書く際の参考にするようにした。教師は、子どもの発言やノートに語彙を豊かにする表現があれば、見逃さず認め、広める指導を積み重ねている。（図8）

図8　読書カードに「思ったことや感じたことを表す言葉」を表記

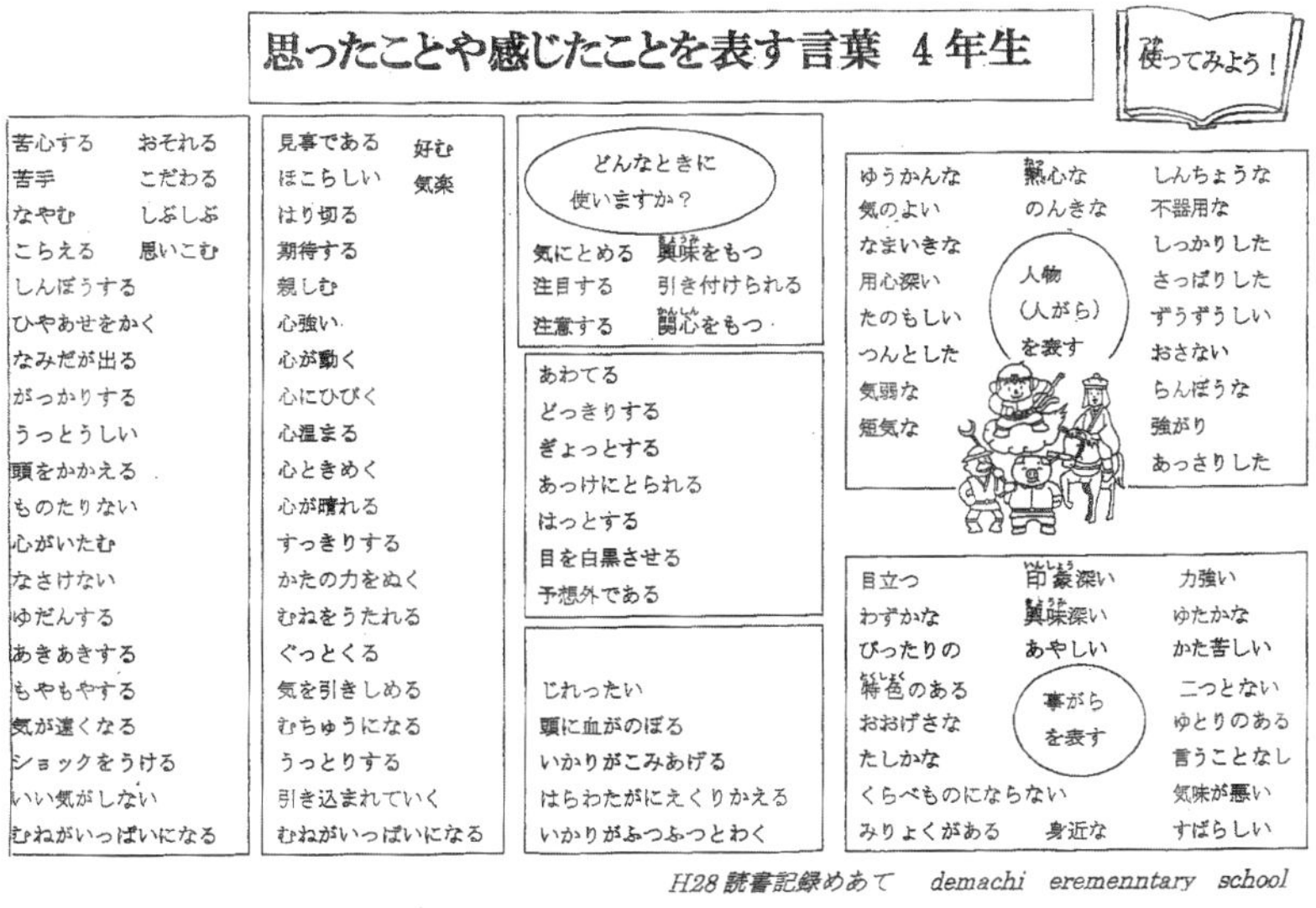

3　教職員の言語環境を高める

子どもにとって、最も大きな影響力をもつ言語環境は、学級担任をはじめとする教職員の表現であり、姿である。教職員自身がモデルとなって、笑顔で挨拶を交わす、「はいっ！」と明るい返事を返す、丁寧な言葉遣いをする。そして、教師自身も「すごい」「素晴らしい」の濫用ではなく、和語を使った奥行きのある表現をするなど、子どもたちの良い言語環境となるよう心掛けている。

4　インタビュータイムで「思い」を伝える

本校の伝統的な活動にインタビュータイムがある。全校集会、学年集会、外部人材を招聘した学習等、どんな学習であっても最後にインタビュータイムがあり、子どもたちは挙手をして「今日の学び」を発表している。子どもたちは、後で発表するために身を乗り出して話を聴くようになる。教師は、発表の内容や発表の仕方について評価するとともに、更に豊かな表現につなげるための「ものさし」を示し表現力を高めている。

昨年、職員の発案で新たな実践を始めた。学級担任以外の授業の終了時には、日直当番が、例えば「ロンダート（ひねりを加えた側転）を見せてくださった○○先生、ありがとうございました」というように、本時の教師の所作にふさわしい枕詞を添え、終わりの挨拶を述べるようにしている。子どもたちにとっては、相手の特徴を一言で表現する言い方を磨く場になっている。

六　主体的・協働的に探究する特別活動

本校では、学級や学校の諸問題について、問題解決の方法を自分たちで考え、それを他者に伝わるよう表現したり、異なる意見にも耳を傾け公平に判断し、折り合いを付けたりするなど、特別活動が、主体的・協働的な学びの経験値を高める場になるよう工夫している。

1　異年齢による年間を通した縦割り活動

異年齢による縦割り活動は、集団の意思を決定する過程で、折り合いの付け方を学ぶ実践の場となる。そこで、異年齢集団による集団活動を、運動会・野外給食・縄跳び集会・卒業期の活動など、年間を通して行っている。

例えば、運動会の応援練習など、児童が多様な意見を述べると、思いや願いがぶつかる場面が生まれる。それでも望ましい集団活動を展開するためには、異なる思いを大切にしつつ共通性を見付けることが大切になる。「自分にもみんなにもよい」という在り方や方法を探りながら、互いの主張をぶつけ合い、理解し合って合議や決定をする経験を積み重ねている。

2　折り合いの付け方を身に付ける学級活動や児童会活動

図9　折り合いを付ける方法（例）

1　意見Aと意見Bの両方を満たす考えを探す
2　意見Aを中心にして、意見Bのよさを加える
3　意見Aと意見Bを合体させる
4　意見Aと意見Bの発想を生かして、新しいものをつくり出す
5　両方の意見を縮小し、両方取り入れる
6　優先順位をつけて妥協する

（杉田洋著『特別活動の教育技術』より）

子どもが熟考した考えや意見を出し合えば、自ずと対立した意見が出てくる。学級活動や児童会活動では、互いの意見を理解した上で折り合いを付けていく話し合いとなることが大切である。

そこで、次のような方法（図9）を子どもに示し、それを拠り所に経験を重ねながら、折り合いの付け方が身に付くようにしている。

七　おわりに

今回、本校の「自主的な学びを支援する家庭学習定着の取組」については記述できなかったが、毎週水曜日を「家庭学習充実の日」に設定し、終業時刻を三十分繰り上げることで、家庭学習を促していく取組は、子どもの家庭学習を定着させることと、教員の研修時間を確保することの二つのねらいをもって行った。

長い間、本校の実践研究は、時間外勤務も厭わない本校教員の献身的な働きによって支えられてきた。これからは、「働き方改革」を推進しながら研究成果も出していく、そんな学校経営が求められていることを踏まえ、今後もアクティブ・ラーニングの視点からの学校経営改善に取り組んでいきたい。

5　教員のカリキュラム・マネジメント能力を高める学校経営

動く！「こなす」から「創造」していく教員へ

――その能力をひき出し育てる校長のシゴト――

和歌山県和歌山市立高松《たかまつ》小学校長
西　川　厚　子

〈本校の概要〉

本校が立地するこの地は、近世、景勝・和歌浦を望む砂丘が在り、見事な松林を有していた。本校の名は、それら砂丘の崩れによって形成された数多くの「根上がり松」に由来すると言われる。現在、児童数四百五十六人、学級数十四である。

学校教育目標を「豊かな人間性と自ら学ぶ意欲を持ち、たくましく生きる子どもを育成する」と掲げ、創立以来、様々な教科領域における研究を進め、実践発表会を開催している。昭和六十三年に、国語科に焦点を据え、現在、「子どもの心を揺り動かす国語科授業」を希求して日々、教育実践を行っている。

一　はじめに

本校は、長年、国語科の教育研究校としての使命を担い実践研究を進めてきた学校である。教員は、教育課程に基づき真面目に学習指導に取り組み、その成果として、子どもは、学級の中で静かに授業を受け、全体的に落ち着いた学校として誰の目にも映っている。

それは一定評価できることである。しかしながら、この安定は、個々の教員のそれぞれにもつ教育観に委ねられており、日々教科書の内容を熱心に指導し、基礎・基本の定着と学力の向上を目指す努力に頼っているところが大である。無論、教科書に基づき子どもに分かりやすい授業をすること自体は、教員本来の当然為すべき仕事である。これを否定するつもりはない。

しかし、私は「動く」学校を創りたい。

真ん中に、育てたい子ども像・創りたい学校像を確固と据え、その実現に向けて教職員はもとより、保護者、地域が手を携え動き出す。「学校が動いている！　教員が、子どもが変わる！」その実感と感動を伴う渦を学校の中に起こしたい。

そのためには、教員は、教科書に記載されている内容を「こなす」ことから脱却し、自らの視野を広くもち、主体的に学びを「変え」「動かし」「創造」していく力を有していかねばならない。アクティブ・ラーニングに総称される活用型の学習活動や探究的な学習を展開していく能力が強く求められるのである。子どもや学校・地域の実態を踏まえて、身に付けさせるべき能力をどのように育てていくのか、見通しをもって教育課程をデザインし、同僚や保護者、地域社会と協働して実践を進めていく力が必要なのである。

そして、そのような教員を育成し、自分が望む学校づくりの礎を意図的・計画的かつしなやかに築いていくことが校長として担うべきシゴトであると考える。

そのシゴトとして、私が本校に赴任した一昨年当初から実践してきたことは、大まかに言えば**共有・変化・創造**の三つのキーワードに示すことができる。すなわち、

教員一人一人が、

①眼前の子ども・学校をどのようにしたいのか。校長が描いて魅せる像を明確にイメージし共有し理解する。

②望む学校像・育てたい子ども像を実現するために、なすべきことを考え、全ての教育活動をそこに関連性をもたせていくよう変化させ動かしていく。

③学校内にとどまらず外の多様な人材、機関、素材を自らの教育活動に組み入れていく視点をもち、教師も子どもも保護者も心動かす教育活動を創造・展開する。

ことを企図し、実践してきたことをまとめてみたい。

二　動く！「こなす」から「創造」していく教員へ
――その能力をひき出し育てる校長のシゴト

1　全ての者が理解・共感・共有することから

私が、まず行ったのは、学校をどのような学校にしたいのか、校長として描く学校像・子ども像、そしてそこに至るロードマップを明快に示すことである。ここで大切にしたことは、とにかく明解であるということである。重点取組事項と具体的な取組内容が誰にでも分かりやすい言葉で書かれ、視覚的に全体像を掴むことが容易なグ

たかまつの合言葉

たのしい学校
かんがえる子供
まことの言葉
つながる心

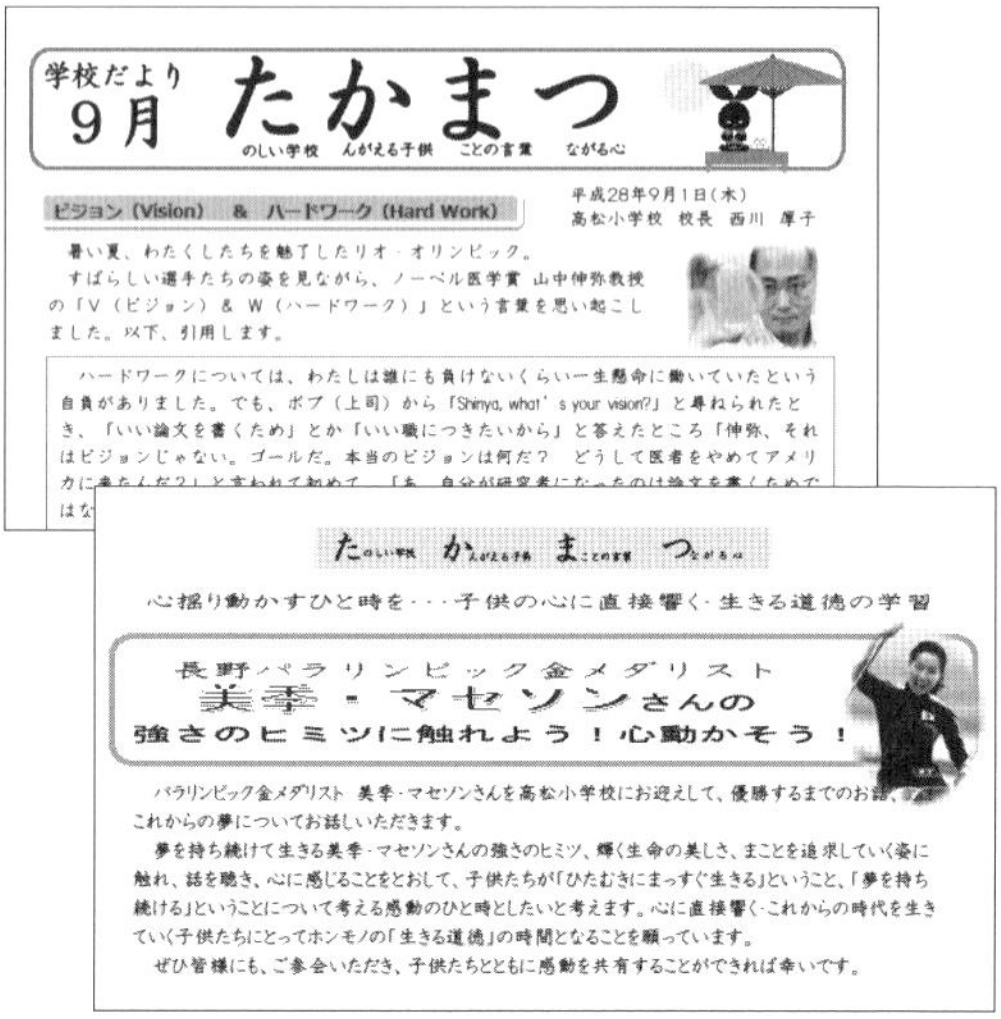

学校だより 9月 たかまつ
たのしい学校　かんがえる子供　まことの言葉　つながる心

平成28年9月1日(木)
高松小学校　校長　西川　厚子

ビジョン（Vision）　&　ハードワーク（Hard Work）

　暑い夏、わたくしたちを魅了したリオ・オリンピック。
　すばらしい選手たちの姿を見ながら、ノーベル医学賞 山中伸弥教授の「V（ビジョン）& W（ハードワーク）」という言葉を思い起こしました。以下、引用します。

　ハードワークについては、わたしは誰にも負けないくらい一生懸命に働いていたという自負がありました。でも、ボブ（上司）から「Shinya, what' s your vision?」と尋ねられたとき、「いい論文を書くため」とか「いい職につきたいから」と答えたところ「伸弥、それはビジョンじゃない。ゴールだ。本当のビジョンは何だ？　どうして医者をやめてアメリカに来たんだ？」と言われて初めて、「あ、自分が研究者になったのは論文を書くためではな

たのしい学校　かんがえる子供　まことの言葉　つながる心

心揺り動かすひと時を・・・子供の心に直接響く・生きる道徳の学習

長野パラリンピック金メダリスト
美季・マセソンさんの
強さのヒミツに触れよう！心動かそう！

　パラリンピック金メダリスト 美季・マセソンさんを高松小学校にお迎えして、優勝するまでのお話、これからの夢についてお話しいただきます。
　夢を持ち続けて生きる美季・マセソンさんの強さのヒミツ、輝く生命の美しさ、まことを追求していく姿に触れ、話を聴き、心に感じることをとおして、子供たちが「ひたむきにまっすぐ生きる」ということ、「夢を持ち続ける」ということについて考える感動のひと時としたいと考えます。心に直接響く・これからの時代を生きていく子供たちにとってホンモノの「生きる道徳」の時間となることを願っています。
　ぜひ皆様にも、ご参会いただき、子供たちとともに感動を共有することができれば幸いです。

ランドデザインを提示することである。校長として描く学校の近い未来像を全教職員で共通理解するためである。

　また、これらを総括して、目指す学校像をより単純明快にかつ意図が充分伝わるよう、「**たかまつ**」の頭文字をとって、上記のような合言葉を作成した。始業式を始め、集会や入学説明会などの行事に機会をとらえて紹介し、その意図について話をするとともに全ての配付プリントに記載し、教職員はもとより子ども、保護者、地域住民に広く深く浸透するよう敷衍《ふえん》している。四百五十六人の子どもたちとは、この合言葉で心をつなぎ、一人一人が「日本一の学校」を創っていくのだという心構えをもつことを約束している。

　簡単明瞭な合言葉で、目指す子ども像・学校像がイメージでき、子ども一人一人に学校づくりの一員としての意識をもたせることが可能になったと考える。

　同時に、子どもを取り巻く教職員・保護者・地域の誰もが、「㋟のしい授業・学校づくり」「よく聴きよく㋕んがえる子供」「㋮こと・本然のことばで話す」「他者と㋡ながる心」という視点で人・もの・ことをとらえ、考え、

平成28年度 高松小学校グランドデザイン概要

平成28年度高松小学校グランドデザイン概要

学校教育目標　豊かな人間性と自ら学ぶ意欲を持ち、たくましく生きる子どもを育成する。
～やさしい子　考える子　じょうぶな子～

イメージする学校像
しなやかにやわらかに**動く実感**のある学校

大人も子供も共有する理念
たのしい学校　**か**んがえる子供　**ま**ことの言葉　**つ**ながる心

重点目標

ゆたかな心
やわらかく豊かな「ことば」の環境を創る

目標達成に向けた具体的方策

1　子供のこころを揺り動かす言語環境を創る

(1)美しい日本語の音とリズムを楽しむ。諳んじ、味わう。
①月１課題の暗唱の取組、暗唱大会への出場を楽しむ。
②心に響く詩や名文と出会い、自らの声で表現する。
(2)日本一の音読をめざす。
聞き惚れるような音読名人を目指す。
(3)そのうち徳するうちどく、読書。
①うちどくコーナーの充実を図る。
②保護者ボランティアの力を生かして魅力ある読書空間を創る。
③百人一首クイーン・名人に挑戦する。

暗唱、音読、うちどく、古典、日本の伝統文化との出会い

2慈愛に満ちた言葉のシャワーを浴び身近な感動との出会いを創る

(1)褒めて褒めて育てる。
心地よい、慈しみ溢れる、やわらかい、温かい言葉で話しかけ子供の良さを認めて褒める。
(2)感動を表出させる。
子供が身近で見つけた不思議や発見「おや？えっ？ほお！」の感動を見逃さず大切に育てる。ホンモノと出会わせる。
(3)英語を楽しむ。
聞いて話してコミュニケーションしていく力を育む。

「たかまつマスト」の充実
①15分間モジュールタイム
(算.国.英語活動.防災学習:全学年)
②英語活動を新たに月１回導入
(新教育課程に向け:3～6年)

確かな学力
心が揺り動く授業を希求し続ける

1　子供がまことの言葉で語りだす瞬間を探る

(1)教師がまず、あいうえおで聴く。
心を動かしながら、本気で聴き、子供の本然を推察し受け入れ洞察する。考えをつなぐ、広げる、深める教師のシゴトを。
(2)つぶやきにこそ、子供のまことがあることを知り大切にする。

子供の言葉を傾聴する教師の姿勢

2　子供も教師も心が揺り動く授業を追求する

(1)聴き方の「あいうえお」の浸透。
あ　あっ、そうか！
い　いいこと言うね！
う　う～ん、なるほど。
え　えっ？どういうこと？
お　おっと、そういう考え方があったか。
を浸透させ友達の発言を心を動かしながら聴く力を育む。
(2)授業者自身も子供も学びたいという「トキメキ」を感じる単元を創造する。

3　考えを磨き合い、より深い思考へと子供を導く

(1)教師の３つの力を磨く。
①感性 ②単元構想力 ③洞察力
(2)研究の視点
①「何ができるようにするのか」明確なねらいを設定する。
②「どのように学ぶのか」魅力ある単元構成を組む。
③より深い思考へと導く「的」を設定する。

授業で褒めて伸ばす・認め合う学び合う教室の空気を創る。

開かれた学校
地域・保護者と温かくつながる

1　「た・か・ま・つ」の教育理念を大人も子供も共有する

(1)育てたい子供像・創りたい学校像
たのしい学校　かんがえる子供
まことの言葉　つながる心
教職員、子供、保護者、地域の方みんなで共通理解する。
その達成を願って、力を合わせ考える、行動する、振り返る。

2　地域の学校として愛され大切にされる学校を創る

(1)気持ちの伝わる「あいさつ」を
①児童会を核に心をつなぐあいさつ運動
(2)地域の人・もの・ことのチカラを地域の学校・子供として愛され大切にされ、共に歩む。
①安全見守りは高松の宝
②先達先生の広がりを
・読み聞かせ「ラバンさん」
・理科教育「横瀬 勤先生」
③土曜フェスタで地域が集う。
・共に集い、学び、親しむ。
(3)学校・学年・学級だよりで発信
教育の意図や子供の育ちを発信し、共有する。
(4)ボランティア活動の活性化
①図書ボランティア(読み聞かせ・司書・配架・図書室改造など)
②学習ボランティア(九九聞取り・探検調査活動サポートなど)

3　自分の命は自分で守る・ふるさと高松を守る力を育てる

(1)誰一人犠牲にならない！実効性のある「たかまつ防災・減災学習」を展開する。
(2)６年生手作りの防災ずきんを新１年生に贈り、思いをつなげる。

総合的な学習の時間で、子供の主体的・探究的な力を育む。

子供は未完のままで輝いて生きている。教師は、子供の未完の姿を愛おしみ慈しみながら、やわらかくしなやかに子供のまことに触れ、その育ちを助けていきたい。教育の目的の本質は豊かな人間の育成である。

「たかまつの子は日本一！！」を合言葉に、子供の人間を磨いていく

教育に当たることができるようになったと言える。とりわけ、教員にとっては学級づくり、授業づくり、生活指導を行うにおいて、育てるべき子どもの姿をイメージする際の共通の認識事項となり、校内研修の場においても焦点を絞った話し合いの「的」として活用することができている。

2　全ての教育活動に変化を

(1)　研究の中心を単元・授業デザイン力の向上にシフト

これまでの、国語科の教材解釈を中心とした研究手法から、子どもが心揺り動かす単元の構想・授業づくりそのものへとシフトした。その単元で身に付けさせたい力を見据え、子どもが心揺り動かしながら学び続けるテーマ性をもたせたロードマップ（次頁図）を描き、真に楽しい心躍る単元構想を練り創る。

授業では、子どもの発言の中から追究課題となる「的」を探り、絞り、子どもをより深い思考へと導いていく。授業後は、心揺り動かして学ぶ子どもの姿が見えたかということに焦点を当て協議を行い、互いの指導力を伸ばし磨き合っていく。

そのような授業を創っていくために必須の教員のチカラ三大要素として、

①子どもの人間をとらえる【感性】

②子どもが夢中になって考えずにいられないような【単元構想力】

③臨場の授業の中で子どもの発言・つぶやきをとらえ、より深い思考へと迫らせていく「的」を探る【洞察力】

を掲げ、三つのチカラを磨くことを主眼とした実践研究へと転換させた。要は、子どもに身に付けさせ育てるべき力を見定め、その力を付けるためにどのような単元展開を行うのかデザインするのである。臨場の授業においては、子どものつぶやきや発言、記述から学びの深さを瞬時に的確に評価しながら、臨機応変に一時間の学習展開そのものをデザインし直し、子どもの学びを深めていく。教科書を教科書通りに教えていくことから、教科書で何を学ばせるのかを主眼に単元を創造し、授業をデザインし、子どもを変えていくことを目指す。言い換えれば、教員自身が変わるということである。

これは、次期学習指導要領で示されるこれからの学習

〈ロードマップイメージ図〉

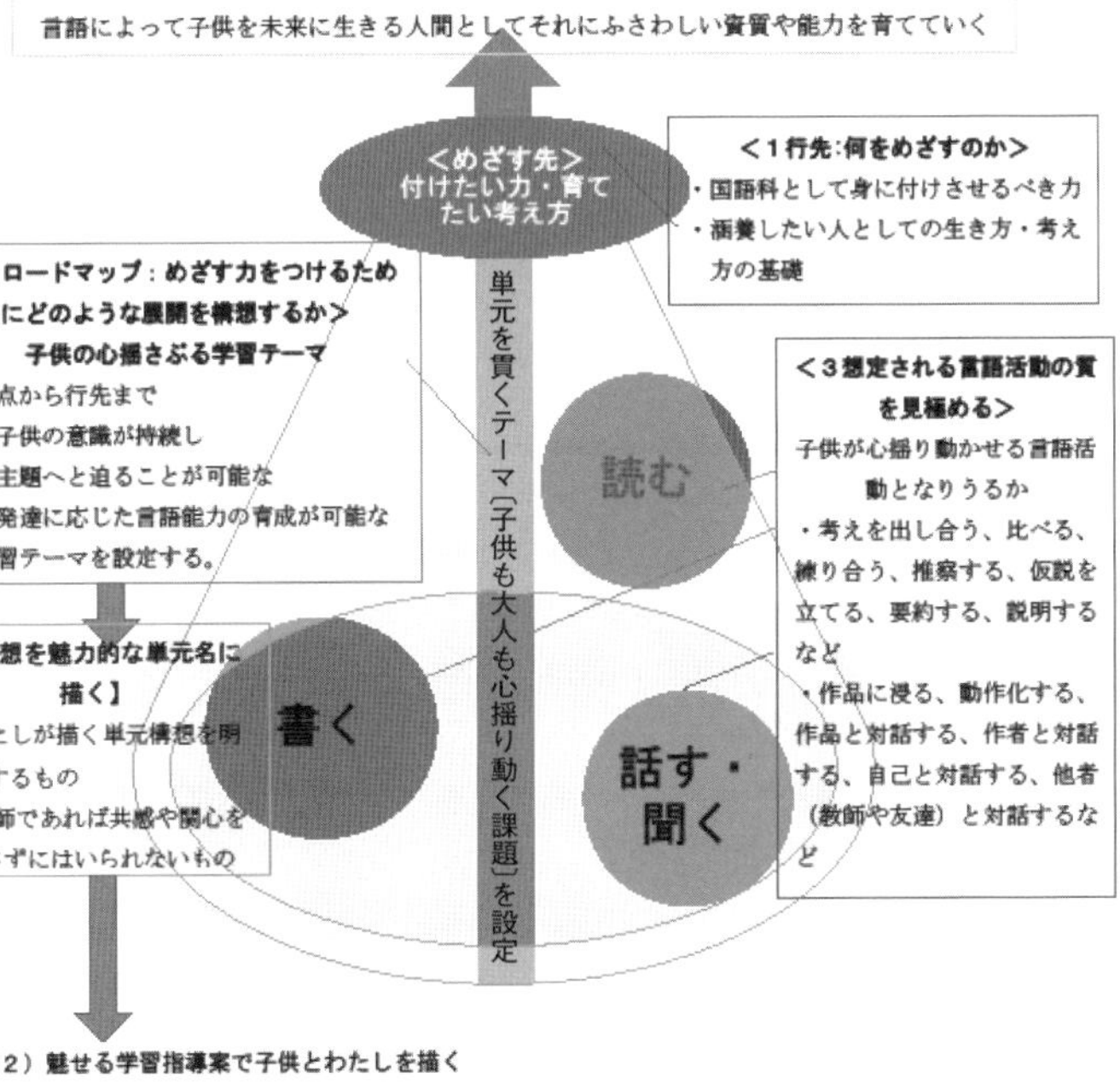

過程「何を学ぶのか」「どう学ぶのか」「どんなことができるようになったのか」の道筋を自ずと辿っていくものであると考えている。

(2)　学校全体が「動く！」その渦の実感・手ごたえを

「美しい日本語が響く」ことを願い、赴任当初から取り組んでいる全児童対象の暗唱活動。毎月、豊かな心の育成と人間形成の観点から、日本の古典、名文、名詩、また身近な英語の歌の中から課題を精選して提示する。校長室に発表しにくる個々の子どもの発表を聴き、合格証を発行する。この取組は、まず子どもを動かし、教員を動かし、保護者を動かし、地域を動かしている。

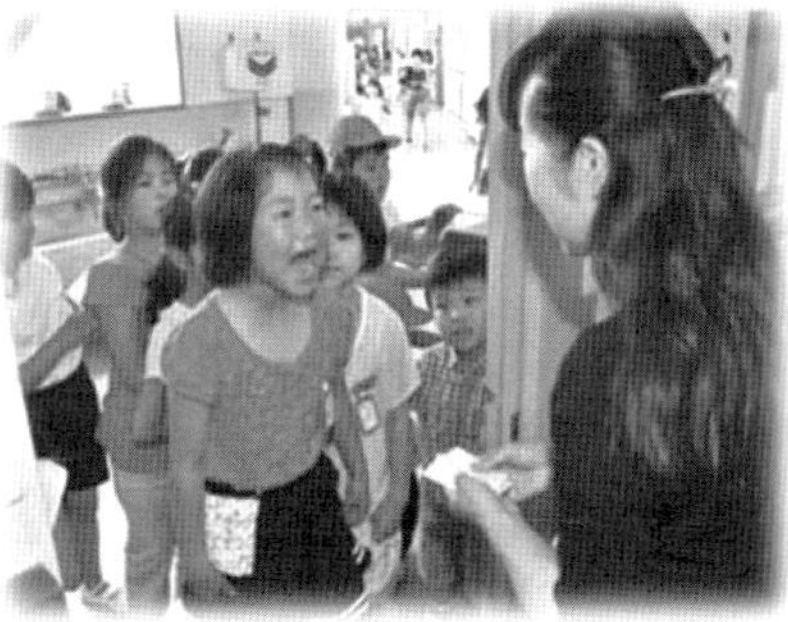
暗唱活動をする子どもたち

なによりも暗唱する子どもの

生き生きとした姿が、聴くもの見る者の心を揺さぶる。その子どもの暗唱活動をサポートする教員が、学級だよりで暗唱の意義や取組の様子を敷衍し、それに共感し応援する保護者が増えていく。また、学校だよりの地域回覧や地方新聞の記事で、地域住民もこの活動を知る。様々な立場の方の共感と応援を得て、現在、学校の特色ある取組としてしっかり定着している。

この学校全体が「動く！」という実感・手ごたえをもった教員は、人としての生き方を示したり温かい心を育てたりする心の教育、また音読・朗読の力の育成につなげる言語活動の一つとして、教科指導や学級活動に暗唱をうまく関連付け、位置付け、実践している。共有した教育理念を念頭に、子どもや保護者、地域住民の実情と課題、期待をつかみ教育活動を変え、動かしていく視点と力が教員に根付いてきていると実感している。

3　教員に自らカリキュラムを創造するおもしろさ、醍醐味を味わわせるシカケを

⑴　総合的な学習の時間をダイナミックにマネジメントする

三十年以内に起こりうるとされている南海トラフ巨大地震。和歌山市に住む私たちにとって、目前に迫った重大課題の一つである。

五年生を中心にして、「自分の命は自分で守る！」ことをテーマに総合的な学習の時間を活用し、まちと人の未来のために子どもが主体的に動き出す実効性の高い防災教育の展開を構想していたところ、「アクサ　ユネスコ協会減災・防災教育プログラム」実践校募集が目にとまった。これを活用しない手はない。五年生担任の教員（七年経験者）を核とし、大学、市の防災課、地域、保護者、関連機関等と連携・協働して、自分たちの地域で減災・防災について子どもが実際に自分の手足を使ってつかみ、考え、課題追究していく大単元を組み実践していくことができると考えた。その上、事前研修として、東日本大震災の被災地域で減災・防災教育の基礎と理論を学び、小・中学校における防災教育の実際を視察することができるというのである。

この事業に幸い採択された。この実践を通して、当該教員には次世代を担う者として、知見を広め、外部の関

地域住民、大学教授、関係機関と共に
防災について考える

和歌山市長の前で自分たちの防災の取組を発表する

係者の力を取り入れ、より質の高い、またダイナミックな教育活動を創造し展開していく力を養っていかせたいと願っている。また、当該教員がメンター（指導者）となっている経験の浅い同僚担任には、一緒にカリキュラムを組み実践を積んでいくことで、子どもの学びを「創る」道筋の学びの場となると考える。さらに、別の若手教員が分掌を担う安全教育・避難訓練行事を、この学習展開に有機的に組み込み、一年生から六年生まで学校全体を巻き込んだ大きな減災・防災教育の渦を連携して創っていくことができる。

　これら一連の活動は教員にとって、学校全体を「動かす」体験となり、カリキュラム・マネジメントの面白さを味わうことで、もてる能力を引き出し、今後、主体的に学校教育を動かす力強さを育てていけるものと考える。

(2) 学校教育全体を俯瞰《ふかん》し、見通しをもち緻密に作戦を練る力を

　本来なら、学級を担任させ教育実践を推進していかせるべき十年経験教員を、平成二十八年度は教科担任に指名した。勇気のいる選択であるが、当該教員に学校教育全体を俯瞰して教育活動をマネジメントする能力を育てたいと考えたためである。余裕の時間には、全学年モジュールで行う学力補充と英語活動（『たかまつマスト』と呼称する時間）のカリキュラム創りと年間を通じた指導計画、具体的運用のための素材準備を行わせた。当該教員を中核に据え、算数、国語の基礎・基本の定着を図ることはもとより、モジュール英語活動は一年生から四年生までの年間指導計画を立案させ、それに基づいた全

教員の相互参観による校内研修、加えて講師を招いての実践研修などを計画し実施した。

この取組の下準備として前年度には、教育委員会が所管する事業の一つである「小学校英語活動についての研究」所員として推薦し、当該教員の英語活動に関する資質・能力の向上を図る仕掛けを図った。所員活動で、専門性の高い大学教授の指導を受け、これからの英語活動・教育の在り方について学び、その学びを学校教育で実践・還元した。

当該教員に学校全体の学力向上に関わるマネジメントの資質・能力を育みながら、育んだ力を現場で発揮して同僚にインフュージョン（伝授）することで、充実した教育活動（モジュールで行う学習指導）ができると自負している。

このように、やがて中堅と呼ばれる経験年数を積んだ教員に焦点を当て、若手教員と共にカリキュラムを創造していく醍醐味、おもしろさ、達成感を味わわせることは、これからの学校を動かす・創る力の育成につながると考える。

三　おわりに

校長の仕事は、己の創りたい学校・子ども像を明確に描き、その実現のために教員が自分の力でカリキュラムを「変え・動かし、創っていく」意識と能力を育てていくためのシカケを創り、褒め励ましながら支援し、共に楽しんで行くことにあると考える。

大切なのは、校長自ら、

○だれにでも分かりやすい具体的な理想像を示す。

○実現のための具体的取組をしてみせる。

○「動く」実感とともにおもしろさを味わわせる。

○「変わる」ことで、目からうろこの学校づくりへ転換させていく。

そのことを心からおもしろいと感じながらすることではないか。

しなやかに周到に校長としてのシカケを行うことで、教員は自ら成長し、学校づくりの一員として動き出していく。

第三章　次期学習指導要領改訂を見据えた学校経営

提　言

次期学習指導要領改訂を見据えた学校経営

――アクティブ・ラーニング（主体的・対話的で深い学び）に視点を当てて――

愛媛県東温市立拝志《はいし》小学校長
田坂文明

一　はじめに

中央教育審議会の「教育課程企画特別部会における論点整理について」（平成二十七年八月二十六日）には、我が国の子どもたちの課題として、「判断の根拠や理由を示しながら自分の考えを述べること」「実験結果を分析して、解釈・考察し説明すること」「自己肯定感や主体的に学習に取り組む態度、社会参画の意識等が国際的に見て相対的に低いこと」が例示され、「将来の予測が困難な複雑で変化の激しい社会の中で求められる力の育成を、各学校の教育課程や各教科等の授業まで浸透させ、具体化していくことが、これまで以上に強く求められる」と記された。これを受け、次期改訂では、アクティブ・ラーニングの導入やカリキュラム・マネジメントの促進が図られる。

次期学習指導要領の審議のまとめ案が出された翌日（平成二十八年八月二日）の新聞紙上では、アクティブ・ラーニングが大きく取り上げられた。新聞数紙のアクティブ・ラーニングに関する記述を拾うと、「教員による一方向的な講義形式の指導ではなく、子どもたちが能動的に参加する学習方法の総称」「習得した知識や考え方を活用しながら他者と議論し、課題の発見や探究を目指す学習形態」（毎日新聞）、「教員が一方的に教えるのではなく、児童生徒が議論や発表などを通じて積極的に授業に参加する学習方法」（産経新聞）、「児童生徒が討論や発表を通じて課題の解決策を考える」（読売新聞）、「（大学教育についての中教審の答申によると）一方的な講義と異なり、学ぶ側の能動的な参加を取り入れた指導・学習方法の総称」（朝日新聞）などとなっている。これらを見る限り、アクティブ・ラーニングは、ある一定の型を指す言葉ではないことが分かる。

二　アクティブ・ラーニングが提唱される背景と導入に当たっての課題

1　学習指導要領の変遷から見えてくること

審議のまとめ案（平成二十八年八月一日）では、アクティブ・ラーニングの導入は「全教科等で」とされている。アクティブ・ラーニングの視点に立った授業改善が進めば、子どもたちの主体的な学びが促進され、基礎・基本の確実な定着や思考力・判断力・表現力等の育成が図られることは容易に想像できる。しかし、現行学習指導要領で強調されている言語活動の充実について、いまだに各方面から、形式的な話し合いのレベルに止まっているとの声が上がっている現状からすると、児童がアクティブに学ぶ授業を全ての教科等で展開するためには、学校が一体となって越えるべきハードルが存在すると見る。

ここで、昭和五十年代以降の学習指導要領の変遷に触れてみたい。昭和二十五年度には五〇パーセントに達していなかった我が国の高校進学率は、昭和四十九年度に九〇パーセントを越えた。昭和五十二～五十三年改訂では、「ゆとりある充実した学校生活の実現」「学習負担の適正化」が掲げられ、各教科等の目標・内容が中核的事項に絞られた。知識偏重教育からの脱却に向けた動きは、既にこの辺りから始まっていたと見ることができる。平成元年改訂では、「社会の変化に自ら対応できる心豊かな人間の育成」をスローガンに、情報化、国際化、価値観の多様化、核家族化、高齢化などの課題に対応するための教育が重視され、小学校では「生活科」が新設された。平成十〜十一年改訂では、ゆとりの中で［生きる力］を育むという理念の下、教育内容の厳選、「総合的な学習の時間」の新設がなされた。平成十四年度には、完全学校週五日制がスタートしている。そして、平成二十〜二十一年改訂では、授業時数の増加、指導内容の充実、小学校外国語活動の導入と、それまで主として「減らす」方向で進んできた学習内容や授業時数が「増やす」方向へと転じた。

直近の平成二十・二十一年改訂では、学校教育法第三十条第二項にいわゆる学力の三要素が明示されたことと相まって、思考力・判断力・表現力等の育成が注目された。これらの力は、前述の「判断の根拠や理由を示す」ことや「自分の考えを述べる」こと、「実験結果を分析して、解釈・考察し説明する」ことといった我が国の子どもたちの課題に直結する力である。この思考力・判断力・表現力等の育成については、平成元年改訂において、既に「これからの社会の変化に主体的に対応できるよう、（各教科の内容は）思考力、判断力、表現力等の能力の育成を重視する」という方針が打ち出されている。

教師主導の下、知識・技能を習得し再生する学習から、児童が主体的に思考・判断し表現する学習への転換については、数十年前から提唱されていたことが分かる。このことはまた、児童主体の学習がなかなか定着しにくいという学校現場の状況を物語っているとも言える。

2　教職員の意識改革の必要性

では、なぜ定着しないのか。当然のことながら、学習指導要領が示しているのは学習内容であり、細かい教え方までは言及していない。取り扱う内容と対象となる児童との関係が常に変化し、しかも、通常、勤務時間の大半を児童への指導に費やす教職は、極めて創造的な職種であると言える。

ところが、あくまで私の実感であるが、教師の中には、授業づくりにおいて自らがクリエイティブな仕事に携わっているという自覚がもてない者がいる。彼らは、指導書に示されている授業展開例など、先行事例に依拠する傾向が強く、新しい要素を取り入れることに対して慎重である。

そこには、初任期の問題が存在すると見る。教師は、基本的に授業構想・実践に関する研修を経ることなく、着任と同時に教壇に立つ。授業のプロとしての準備期間が欠如したまま、学級担任の仕事や担当校務の処理など、授業とは直接関係のない業務に追われ、授業準備に腰を据えて取り組む時間的な余裕をもてない日々を送る。このような中、頼りになるのは自身が受けてきた授業（体験）であり、他者の実践（モデル）であろう。体験とモデルが「教師主導」であれば、教師主導が理にかなっていると考えるのが自然である。かくいう私自身がそうであった。そして、往々にして、初任者の頃に身に付けたスタイルがその後も継承される。

加えて、授業改善に向けてのアクションに二の足を踏む風潮は、個人に止まらず、学校や地域全体に広がっているという場合がある。例えば、国語科の学習において、多様な教材を用いて言語に関する資質・能力を育むという視点よりも、教科書に載っている教材をつつがなく終わらせることが優先されるというように――。

アクティブ・ラーニングの視点に立った授業を一般化するに当たっては、学習の主体である児童の視点に立って授業を構想することにより、子どもたちの目の輝きが増し、確かな学力の定着向上が見込めること、それはまた、教科経営、学級経営の両面で自身の負担軽減につながることを全教職員に実感させる必要があると考える。

三　深い学びを指向する教師集団づくり

1　校内授業研究会の工夫改善

教職員の行動に変化をもたらすための試みを二つ提案したい。

第一は、校内の授業研究会において、深い学びを指向する授業モデルを共有することである。ただし、ここで言うモデルとは、校内授業研究会でよく見られる一単位時間の授業公開と協議ではなく、参観者が数時間の学習と向き合い、子どもの変容を目の当たりにしながら効果を検証するというものである。例えば、モデル提示を行う者（授業者）が小単元の指導に三時間を当てるのであれば、単元を丸ごと公開し、参観者はできる限り最初から最後まで立ち会う。参観者は、授業者の一つ一つの働き掛けの意図について数時間という流れの中で考える。効果的な実践には、一時間ごとにキーポイント（子どもたちがはっとする瞬間等）が潜んでおり、それらは密接につながっているはずである。参観者が授業者の指導技術の高さの裏にあるもの、例えば、説明や指示の言葉を精選し、子どもたちが活動に没頭する時間の創出に意を注いでいることなどに気付いた時、自分の授業づくりのどこをどう変えていけばよいのかを真剣に考え、児童主体の授業への変革を指向するようになるのではないだろうか。

もちろんこのようなモデル提示を実現する上では、教職員間で、公開する単元は児童主体の学習が展開されるものとすること、しかし、準備に膨大な時間を要する大掛かりな単元とする必要はないこと（参観者の実践意欲を意識すること）などを確認しておく必要がある。授業者については、管理職や主幹教諭、指導教諭といった指導的立場にある者、校長が指名した者、場合によっては、モデルという概念から離れ、全教職員が相互に担うなど、様々なパターンが考えられる。方法としては、授業者の数に応じて校内の教職員をいくつかのグループに分けるやり方、特別な時間割の下、一定期間、二人組もしくは三人組が学び合う方法などが考えられる。あるいはまた、参観者を若手教職員に絞り、管理職や外部から招聘した講師がモデルを示す方法もある。モデル提示の期間、参観者の「空き時間」を奪ってしまう場合には、それを補填するための工夫も必要であろう。

また、数時間単位のモデル提示は、校内だからこそ実践できるとも言える。校外の授業研究会に参加した場合、よく練られた授業と出会う確率は高いものの、そこに至るまでの過程を目の当たりにすることができないため、単元を通した子どもの変容という視点から効果的な指導をとらえることにはなりにくい。

2　教職員研修における模擬授業の導入

第二は、教職員が学習者の立場に立って授業づくりを考える時間の設定である。これについては、研修職員会に位置付けることで、無理なく行える。管理職や研究主任が教師役、他の教職員が児童役を務め、テーマに沿って模擬授業に取り組むのである。例えば、複数の資料を比較したり関係付けたりしながら考えるという学習場面を作り出す。そして、何と何を比較するのか、何と何を関係付けるのかを明確にしないと、比較や関係付けがうまくいかないような仕掛けを施しておく。教職員が実際に体験してみて、比較や関係付けの難しさを感じた時、子どもたちの思考・判断する力を伸ばすための指導のポイントについて、新たな発見が期待できるのではないだろうか。

また、各教科等で児童が考えを書いてまとめる場合、「～についてまとめなさい。」という漠然とした指示を出したのでは、上手くまとめられない児童が出てくることが多い。そこで、教師が提示する条件について考える機会をもつ。「○○という言葉に続けて、」「○○という言葉を使って、」という初歩的なものから、「三つの要素に分類し、それぞれに見出しを付けて、」という高度なものまで、全教職員が数回にわたり、様々な条件下で書いてまとめる活動を体験する。それによって、発達段階や学習者の状況に応じて適切な条件を示すことの重要性を実感できるであろう。

ただし、次期学習指導要領の全面実施に向けては、英語科の指導力向上、道徳の評価の在り方など、小学校で研修すべき内容は多くある。模擬授業を定期的に実施する場合は、一回当たり三十分を限度とするなど、短時間で取り組める方法を工夫したい。

四　おわりに

本県では、近年、各教科等の学習指導案における「指導観」の項目立てが変わってきた。かつては、ほとんどが「教材について」から始まっていたという印象が強いが、今や「児童について」が冒頭に来るものが主流となっている。児童は何ができ、何ができない、だから、この教材を使ってこのような指導をするという筋立てには、児童主体の授業を構想しようとする意識が少なからず反映していると見る。また、評価問題についても、記憶の再生の可否を問うものに加えて、思考・判断した結果を適切に表現することができるかどうかをみる問いを積極的に取り入れる教師が増えてきた。記述式の問いは、採点に労力を要する。にも関わらず、それを導入し、児童の学力を幅広い視点からとらえようとする教師の姿勢が伺える。このような流れに乗って、より多くの教室で、子どもたちが生き生きと活動し、かつ着実に力が付く学習が展開されることを願う。

実践事例

1　道徳教育の充実を目指す学校経営

「特別の教科　道徳」の推進に向けた学校経営

奈良県宇陀《うだ》郡曽爾《そに》村立曽爾小学校長

松　岡　清　之

〈本校の概要〉

本校は、奈良県東北端、三重県境に接する曽爾《そに》村にある。村は、国の天然記念物指定の鎧岳《よろいだけ》、兜岩《かぶといわ》、屏風岩《びょうぶいわ》などの珍しい柱状節理の山々や、ススキがたなびく曽爾高原を含む室生赤目《むろうあかめ》青山国定公園に含まれている。奈良県無形民俗文化財指定の「曽爾の獅子舞」には、小学生も参加しており、平成二十九年度に三百年を迎える。村内には国立曽爾青少年自然の家もある。観光や自然の家利用を目的に、年間五十万人以上の人が来村する。

本校の教育目標は、「心豊かで、夢に向かって自ら学び続けるたくましい児童の育成」、研究主題は、「自分で考える力（クリティカル・シンキング）の育成」である。

一　はじめに

学習指導要領の改訂に向けた取組が進む中、まず、道徳教育の充実に向けて、現状把握や全校での取組について、校長として次の三つの方針を立てた。

1　「特別の教科　道徳」全面実施に向けた取組

小学校学習指導要領の改訂に伴い、「特別の教科　道徳」が、平成三十年度に全面実施されることになった。移行措置として平成二十七年度から実施している自治体もあるが、本村では、小学校は平成三十年度より実施される。それまでの間、評価や年間指導計画の全面改定、教材研究や指導力の向上などを進める。

2　学校教育全体での道徳教育の充実

全教科等での道徳教育の充実も並行して進める。特に、道徳教育の全体計画及び各教科等の道徳教育の学年別計画の作成や道徳の時間の授業研究を通して、教科化に備える。

3　指定研究等で道徳教育の充実を目指す

本校は、次の二つの指定研究を進めている。一つは、文部科学省の「人口減少社会におけるＩＣＴ活用による教育の質の維持向上に係る実証事業」（平成二十七年度から三年間）（以下「ＩＣＴ活用事業」と呼ぶ）である。もう一つは、小中学校一貫教育（平成三十年度開始）（以下「小中一貫教育」とする）に向けた取組である。これらの研究の中で、道徳教育の充実を共通課題の一つと定め、取り組む。

二　ベテラン教員の大量退職への対応

本校でも、経験豊かなベテラン教員の大量退職に伴う若手教員増が進んでいる。五十代は管理職と再任用講師一名だけで、四十代の教員が三名、残りの大半が、教員五年目までの二十代である。若手教員のスキルアップが、学校経営上、喫緊の課題である。

私は、常々、職員室が学級なら教員が児童、校長が担任だと考えている。したがって、研究主題「自分で考える力（クリティカル・シンキング）の育成」の具体化を、各教員にしてもらうことにした。

そこで、提案や指示を校長が全て立案して進めるのではなく、各教員の提案を吸い上げ、学校経営につなぐことが、各教員のスキルアップにつながり、児童の育成に結び付くと考えた。

三　教員の育成

職員の年齢構成から、ミドルリーダー（四十代）と若手教員（経験の少ない二十・三十代）の二つのグループに分けて、育成方針を立て、教員のスキルアップを図ることにした。

若手教員の育成が道徳教育の推進はもとより、学校経営の大きな鍵を握っている。定期的に校長室等で学習会を開き、悩みを一人で抱え込まないことや苦手な教科の教材研究を協働で進めている（「若者塾」と呼んでいる）。私自身の経験から、小学校教員こそ一つの教科を学び続け、専門性をもつことが大切であると考える。「若者塾」で、一人一人が学び続ける教科等を決め、外国語活動や社会科教育、道徳教育等の自己研修を進めている。

校長からは、可能な範囲ではあるが、県教育委員会の指導主事の方々や各教科等研究会の会長、関係大学の教官に依頼して、本校教員の研修の機会を広げ、スキルアップに励んでいる。

その中で道徳教育を選んだ二名の教員は、教育委員会や県道徳教育研究会の研修会や道徳教育専門の大学教授（畿央《きおう》大学の島恒生先生）の月例学習会で研鑽している。参加の教員からは、「グループに分かれて中心発問を提案し合うなど、協働で道徳教育を研究することが楽しくなってきた」などの感想を聞いている。伝えることは自身の学びを深めることにつながるので、研修会等の内容を校内で広めるように指導している。

若手教員のニーズで、ミドルリーダーとなる四十代の教員たちによる若手教員の学級経営や教科指導等のサポートも始めた。サポートを見ていて、ミドルリーダーのスキルアップにもつながっていることも見えてきた。

また、ミドルリーダーには、学校全体を視野に考えるようにと指導している。同じやるなら、取組を特色ある実践につなげようと考え、児童の学校生活が一層楽しく

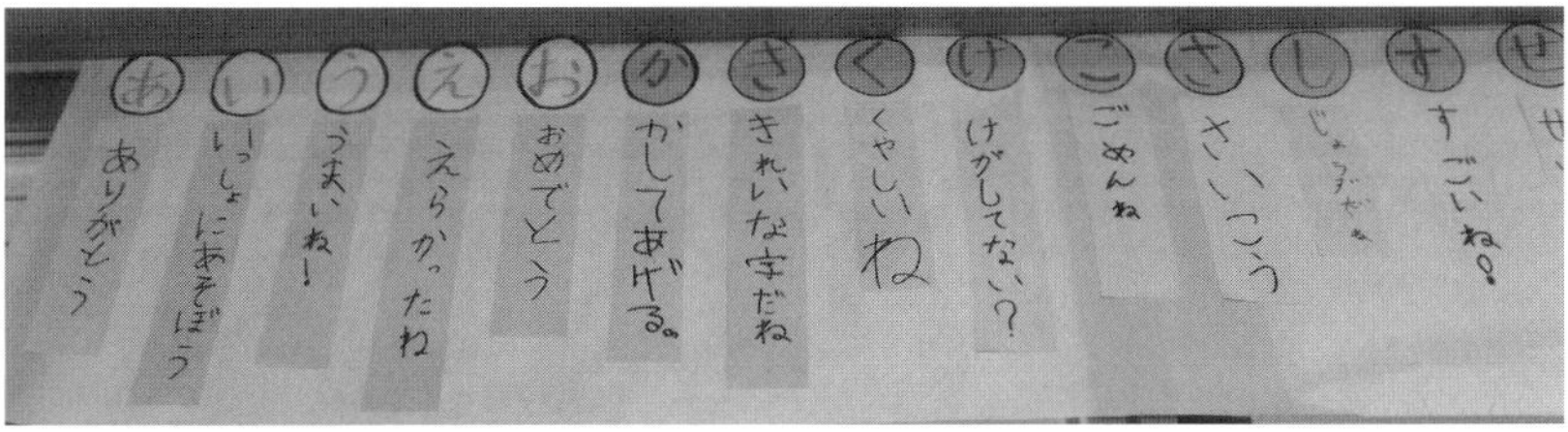

「おきよう言葉」第２学年

なるような合言葉を、教員に生み出してもらうことにした。本校の校長になって五年目になるが、その間に「さめおえあいさつ」「はい・たつ・です」「おきよう言葉」などが生まれた。

例えば、平成二十六年度に生まれた「おきよう言葉」は、「お」おもいやりのある言葉、「き」言われると気持ちがよくなる言葉、「よ」相手が喜ぶ言葉、「う」相手がうれしくなる言葉である。言葉の一つ一つを頭文字にして、相手を思いやる言葉をみんなで見つけ、使っていこうという取組である。当時、生徒指導主任だったミドルリーダーが提

案し、教職員で共有した上で取り組んできた。

前頁の写真は、第二学年の児童があいうえお順に考えた「おきよう言葉」である。マンネリ化を防ぐため、平成二十八年度には、全校児童に「おきよう言葉」を募集し、学校だよりでの紹介や校舎内掲示等を行った。

四　指定研究等の取組から

1　曽爾中学校との小中一貫教育

平成三十年度の小中一貫教育の開始に向けて、曽爾中学校と準備を進めている。三つの部会「こころ部」「学力向上部」「交流学習部」を組織し、小中学校の教員が各部に分かれ、二か月に一回、会合を開き取り組んでいる。その中の「こころ部」が道徳教育の推進役を果たしている。主な活動は、共同での授業研究や研修、教科化に向けた全体計画の作成などである。授業研究は、事前研究や研究協議にも互いに参加し、道徳教育の共通理解を進めている。

毎年開催している畿央《きおう》大学教授の島恒生先生を招いた合同研修会では、義務教育九年間の道徳教育の在り方を、一体となって追究している。

前回の研修では、小中学校の教員が交じって小グループを作り、資料「手品師」の中心発問を考えた。校種や教科担任の垣根を越えて、意欲的に研修することができ、その後の取組につながっている。

小中学校合同研修で考えた中心発問

2　小規模校の機動性を発揮したICT活用事業

本校は、全校三十四名（平成二十八年度）の小規模校である。テレビ会議システムやタブレットパソコンなどのICT機器を活用して、隣村の御杖《みつえ》小学校の教室と結んだ協働学習によって多様な意見が生まれるなど学習の活性化を進めた。

平成二十八年度は三学年で道徳の時間、総合的な学習の時間、国語科を対象に研究を進めた。平成二十九年度は、対象学年を全学年に広げ、教科も増やして取り組み、実践の広がりと定着を目指す。

形態は、二校の担任がティーム・ティーチングの形で教材研究や実践を行い、指導には県教育委員会の各教科等の担当指導主事に入っていただいた。

平成二十八年度の道徳の時間の取組は、二小合同の研究授業の他、曽爾中学校や御杖中学校の教員も招いた二村の小中学校合同の道徳教育の研究授業を行った。

五　地域の関係機関との連携（体験活動の重視）

国立青少年教育振興機構の調査（平成二十二年度）では、「子どもの頃の生活体験が豊富な人ほど、自己肯定感が高く、大人になってからの生きがい、モラルや人間関係能力などの資質や能力が高い傾向にある」ことが明らかになっている。この機構の一つが、村内にある国立曽爾青少年自然の家（以下「自然の家」）である。自然の家は、「地域の子どもたちの豊かな心を育む」ことをねらいに「体験の風をおこそうフロムうだ」の事業を進めている。これは、学校教育において重視している道徳的判断力、道徳的心情、道徳的実践を主体的に行うための意欲と態度の育成につなげる試みである。

そこで、自然の家と連携して、本校のプログラム「野外合宿」や「家族へのおもてなし会」、曽爾青少年自然の家のプログラム「曽爾の森の達人になろう」や「夢冒険」などを設定して、体験の機会を増やしている。

六　福島県のＨさんとの交流

Ｈさんはお孫さんのいる年配の女性である。東日本大震災で被災された。交流を始めて、平成二十九年で七年目となる。こちらから出向いたり、Ｈさんご家族に本校にお越しいただいたりしてきた。しかし、距離が離れているので、普段は、児童や教員が手紙や絵、習字などを送ったり、Ｈさんから児童や教員宛の手紙をいただいたりして交流を続けている。「曽爾の獅子舞」をお伝えしたり、「相馬野馬追い」を教えていただいたりするなど、互いのふるさとを紹介することもある。「ふくしま道徳教育資料集」をいただいたが、遠くの出来事ではなく、親しいＨさんの住む福島県の話として読ませてもらっている。交流は今も続けており、お互い、遠くに住む親戚のような関係になってきている。

Hさんからの手紙（教員宛より抜粋）　平成二十八年

立秋とは名ばかりで、いつまでも残暑が続いています。その後お変わりなくご精励のことと存じます。私たちもおかげさまで大過なくすごしておりますのでご安心ください。この度は生徒さんにお便りを頂きまして、元気に前向きに生きることを教えて頂き、ありがとうございました。震災で仮設生活をしていたとき曽爾小学校の先生が生徒さんのはげましのお便りや学校で作った野菜を持って福島に来てくださいました。（略）また、文化祭（そにっこ祭り）に招待を頂き、曽爾小学校に行きました。私たち親子にとってすばらしいおつきあいとなりました。生徒さんたちと握手をした手のぬくもりを、今でも忘れることができません。（略）東日本大震災より五年、学校にお招き頂いて四年になります。直接会ったことがない生徒さんもいますが、こんなにやさしい手紙を読ませて頂いてありがとうございます。皆様の健康を祈念いたします。

Hさんからは、児童一人一人にも手紙をいただき、児童だけでなく教員も励まされ、元気をいただいている。

七　おわりに

執筆の機会を得て、校長としての五年間の取組を見つめ直すことができた。

指定研究や小中一貫教育、体験活動の充実など、いろいろな取組が、道徳教育の充実という目標の下に組み合わさせて取り組んできた。その間、教員一人一人のスキルアップが図られ、各自が考え提案し、論議によって方針が統一されチームとして進めることが増えてきた。縦（曽爾中学校）と横（御杖小学校）の両方向へと広がりを見せてもきている。

何より児童一人一人の道徳性が育ってきていることをうれしく思う。

取組は、まだ、道半ばである。教職員が一丸となって、今後も取り組んでいきたい。

2 外国語活動の教科化を視野に入れた学校経営

教科化に向けた英語指導力向上の取組

大阪府大阪市立真田山《さなだやま》小学校長

村上祐副

〈本校の概要〉

本校は、大阪市のほぼ中央にある天王寺区の北東、「古城を間近く仰ぎつつ」と校歌に歌われるように、大阪城の南に位置している。明治七年十一月開校、平成二十八年に創立百四十二年を迎えた。児童数八百三十五名、二十四学級の伝統ある大規模学校である。

学校教育目標「心豊かで、進んで課題に取り組むたくましい子どもを育てる」を掲げ、知徳体のバランスのとれた子どもの育成に努めている。また、国語科・算数科・英語学習・ＮＩＥ教育・道徳教育の研究指定を数多く受け、教員の指導力向上に取り組んできた。

一　はじめに

本校の地域では、大阪市中央部にも関わらず緑豊かで、幼稚園から高等学校が多いことから、文教地区を目指した町づくりが進められてきた。本校教育への期待は大きく、とりわけ教員には高い指導力が求められ、長年にわたり熱心な研究活動が展開されてきた。

特に、平成四年四月より、国際化社会の実現を目指す世論の下、文部省（当時）の研究開発学校の指定を受け、三年間「国際理解・英語学習」の研究に取り組んだ。その後もそれまでの成果を踏まえ、学校全体としての授業時数は縮小したが、教育課程に位置付けて全学年での英語学習を継続してきた。

文部科学省は平成三十二年度からの全面実施に向け、「グローバル化に対応した英語教育改革実施計画」、「今後の英語教育の改善・充実方策について」を示した。このような背景の中、各校では現在実施している外国語活動の教科化に向けた取組を、学校経営に取り入れることが求められている。

本校ではこれまで、子どものコミュニケーション能力においては一定の成果を上げてきた。しかし、日常の授業はティーム・ティーチング体制で英語専科教員とネイティブスピーカーで進められているため、学級担任、特別支援担当、専科・担任外などの教員の外国語活動の指導力は、教科化に向けては不十分であった。

そこで、本校では、子どもの英語コミュニケーション能力を育成するとともに、教員の英語力・指導力の向上を掲げた大阪市の「英語イノベーション事業」小学校英語教育重点校として、平成二十六・二十七年度に研究に取り組んだ。以下が経緯と取組である。

二　本校の外国語活動

平成四年度より「国際理解・英語学習」を実践してきた歴史を生かし、指導体制を維持しながら外国語活動における内容を検討し、活動を精選して実践した。

1　指導時数

○第一・二学年　月一時間（年間十一時間）
○第三・四学年　月二時間（年間二十時間）
○第五・六学年　週一時間（年間三十五時間）

2　指導体制

本校では、外国語活動を特色ある教育として、英語担当教員一名を専任配置し、充実を図ってきている。

第一学年から第四学年では、ＪＴＥ（Japanese Teacher of English：英語担当）が中心となって授業を進め、デモンストレーションやアクティビティーなどではＨＴ（Homeroom Teacher：学級担任）と連携して指導に当たった。

第五・六学年では、Ｃ-ＮＥＴ（Osaka City Native English Teacher）、ＪＴＥ、ＨＴが連携して授業を進め

1年生の活動

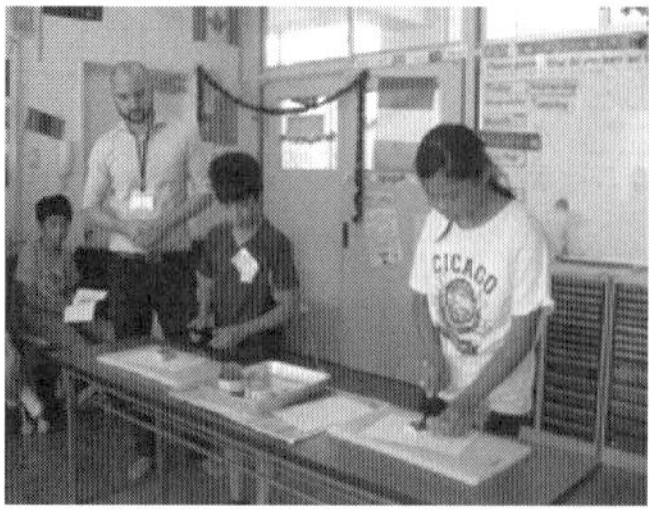

6年生の活動

た。C-NET、JTE、HTがデモンストレーションを行う場面を取り入れてきた。

3　教科化に向けての課題

年間を通して、計画・展開・教材の作成、日常指導を英語担当が中心となって進めている。そのため、他の教員には授業を含めて受動的姿勢が見られがちである。全学級指導の教科化へは大きな課題と言える。

三　課題解決へのステップ

本校は、平成二十三年度より道徳教育の研究に取り組み、平成二十四年度に大阪市教育委員会、平成二十五年度には文部科学省の道徳教育研究指定校として、公開授業・研究発表会を開催した。三年間の取組により成果と課題を明らかにでき、道徳教育の指導力向上が図られた。

一方で道徳教育の研究を学校経営の柱としたため、本校の特色ある教育である外国語活動と、英語教科化への対応に課題が残った。

1　大阪市教育委員会「英語イノベーション事業」

大阪市教育委員会では、英語コミュニケーション能力の育成を目指して、平成二十五年九月から「英語イノベーション事業」に次の内容で取り組んだ。

○英語重点校の取組
○ネイティブスピーカーの配置
○英語指導力の向上

英語教育重点校には中学校八校、その校区小学校十九校が指定された。本校を含む二小一中校区は平成四年度旧文部省「国際理解・英語学習」の指定校だった経緯から、重点校の指定を受けることになった。

大阪市教育委員会より示された小学校英語教育重点校の体制・指導の柱は、次の通りである。

○一～六年生の全学級で指導
○十五分間の指導を週三回実施
○担任による指導が基本
○たくさんの音声インプット（視聴覚教材活用）
○学習法「フォニックス」（正しい発音）導入
○タスク活動（あいさつ・ゲーム）設定
○Can　do評価（できる感を高める）実施

２　重点校としてのスタート

平成二十五年度は道徳教育の研究活動に取り組んでいたため、教育委員会が示した体制と指導で実践的な校内研修を行いながら、徐々に指導を進めた。英語担当教員は教育委員会主催の実技研修会などに参加し、積極的に伝達研修会を実施した。日々の指導は、教育委員会から事前に送られてきた指導案を本校の実態に合わせて変更し、朝の学習、基礎・基本の時間などで実施した。

また、大学教員のアドバイザーから発音や本読みなどについて、実技演習を通した実践的な指導助言を受けた。その結果、十五分間の指導の進め方の理解は深まっていき、週三回のモジュール指導も定着してきた。

その中で次のような思いに集約された。

○自然に英語が出てくるようにしたい。
○自信をもって、正しい発音で伝えたい。
○もっと指導を楽しみたい。

これらの課題の解決が次年度に求められた。

３　学校経営の柱へ

先に挙げたように、本校の地域は学校教育への関心と期待が高い。その中でも英語教育は、平成四年度より先進的な取組として注目されてきた。校長として、平成二十六年度の学校経営を考えるに、とりわけ小学校英語教育重点校活動の充実は大きな柱となった。

そこで、教頭、教務主任、研究部長に現状の課題も踏まえ、次のように意向を伝え、対応を指示した。

○学校全体で、小学校英語教育の充実に取り組む。
○学級担任、特別支援担当、専科・担任外など、全教員が公開授業に取り組める研究組織を構築する。
○指導時間を校時表に位置付ける。
○研究成果と課題を発信するため、公開授業・研究発表会を開催する。

四　具体的な取組

本校の特色ある教育の外国語活動を継続しながら、教科化への課題解決に向けて、平成二十六年度より大阪市小学校教育重点校活動の充実に取り組んだ。次に概略を挙げる。

1　フォニックス指導と校時表

本校のフォニックス指導（フォニックスタイム）

○歌、チャンツ、絵本等などで英語の音声・表現に慣れ親しむ。（リズムにのせて英単語などを発声）

○アルファベットに慣れ親しむ。

○フォニックスジングル、言葉集めなどで、文字と音の関係に気付く。

図1　指導実施時間と時間割表

時　間	月	火	水	木	金
8:30-8:40	児童朝会	職員朝会		児童集会	職員朝会
8:40-8:55		フォニックス	フォニックス		フォニックス
8:55-12:30	1時間目〜4時間目				
12:30-13:15	英語の音楽				
13:15-13:30	昼　休　み				
13:30-13:45	清　　掃				
13:45-13:55	ぐんぐんタイム（基礎・基本の時間）				
13:55-15:35	5時間目〜6時間目（水曜日は5時間目まで）				

○学級担任が各教室で指導する。

○指導実施時間と時間割表（図1）

2　研究の組織

○校長、教頭、研究推進委員会、各学年部会（一〜六年生）で構成する。

○研究推進委員会は、研究部長、教務主任、各学年・特別支援担当スタッフの九名で構成する。

○学級担任、特別支援担当、専科・担任外など全教員は各学年部会に所属する。

3　授業研究

○全教員は、学年の授業研究日（学級全学年公開）もしくは校内授業研究統一日（全学年一学級公開）で授業

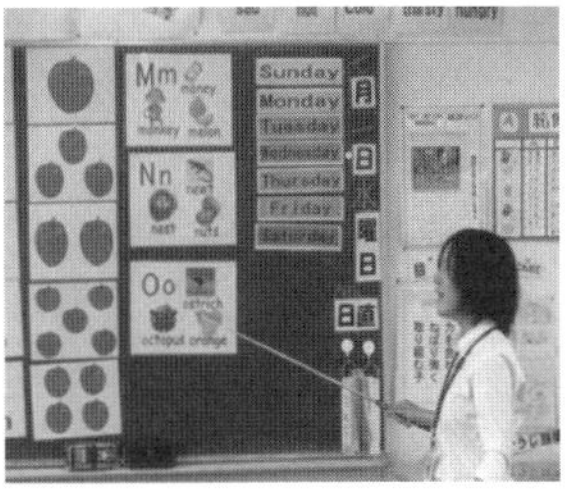

文字を指して発音させている

ＤＶＤに合わせて声を出す児童

研究に取り組む。
○授業はオールイングリッシュを基本とする。
○十五分間のフォニックスタイムは左のように、五つの活動で構成する。音声と映像を教材として、視聴覚機器を効率よく使用する。

Greeting《あいさつ》

Songs and Chants《リズム歌》

Phonics《音声学》

Books《本》

Greeting《あいさつ》

4 成果

○英語の発音とともにジェスチャーを取り入れ、英語の意味理解につなげたり、手拍子などの動きで言葉のリズムやアクセントを感じさせたりできるようになり、指導を楽しむ姿が見られるようになった。
○週三回の実践を重ねることにより、慣れた表現や気持ちを表す言葉は自然に使えるようになった。
○教科化に向けて、クラスルームイングリッシュ向上への意欲が高まり、外国語活動での効果的な指示や表現を積極的に取り入れられるようになった。

五 おわりに

教科化に向けて、学年全学級公開の研究授業、全教員による公開授業など、これまで本校になかった二年間の取組となった。校長として全教員の指導力向上に強い思いがあり、その思いをいろいろな場で伝えることで、徐々に浸透していったと感じている。

これからも学校の進むべき方向を毅然と示して、学校経営に邁進していきたい。

3　自己肯定感を育む学校経営

誰もが安心して過ごすことができる学校づくり

島根県雲南市立掛合《かけや》小学校長
尾　崎　一　夫

〈本校の概要〉

本校は、雲南市西部に位置する児童数百四十一名の小規模校である。平成二十年四月、掛合町内五つの小学校が統合し雲南市立掛合小学校となった。校区内に県立自然公園「竜頭が滝」や「八重滝」などの名勝地、森林公園「ふれあいの里奥出雲公園」などがあり、豊かな自然環境に恵まれている。

学校教育目標「ふるさとを愛し 豊かな心と健康な身体をもち 自立して生きていくことができる子どもの育成」の具現化を目指して教育活動に取り組んでいる。

平成二十八年度から三年間、島根県教育委員会から「算数授業改善推進校」の指定を受け、算数を基軸とした学力向上研究に取り組んでいる。

一　はじめに

私は、目指す学校像として、「明日もまた行きたくなる学校！ 明日もまた会いたくなる仲間！」を掲げ、誰もが安心して過ごすことができる学校づくりを目指し、経営に取り組んでいる。

子ども、教職員、保護者、また学校に関わるあらゆる人が安心して過ごすことができる学校であるためには、人権・同和教育の推進を通して、一人一人の自己肯定感を高めることが重要である。このことを通して、よい人間関係・学習環境の中で教育活動を作り上げていくことを学校経営の一番の柱としている。

新学習指導要領審議のまとめでは、「将来の予測が難しい社会の中でも、伝統や文化に立脚した広い視野をもち、志高く未来を創り出していくために必要な資質・能力を子どもたち一人一人に確実に育む学校教育の実現」が基本方針として謳われている。このような資質を育むためには、一人一人の子どもに自らの存在を肯定的にとらえ、困難な状況にあってもそれを乗り越えて学びを深めることができる力を付けていくことが大切である。

本事例では、「自己肯定感」と「自尊感情」を同義とし、次のようにとらえて論を進めたい。

○自己肯定感とは自分に対する肯定的な感情であり、自分の短所や欠点を含めて、自分で自分を価値あるものとする感覚（※小川宏幸元県教育センター長期研修員による）

自己肯定感は、「意味ある他者」との関わりの中で作り上げられる。子どもにとっての「意味ある他者」は、教職員、子ども、保護者等である。子どもと地域社会との関わりの深い本校区では、地域住民も子どもにとっての「意味ある他者」であると言える。

子どもの自己肯定感を高めることは、子どもの学習に向かう力やレジリエンス（困難に負けず挑戦する力）を高め、学力向上、人間関係改善につながり、誰もが安心して過ごすことができる学校づくりに重要な役割を果たすものと考える。

二　子どもの自己肯定感を高めるための取組

1　職員研修の充実

①校長講話
本校では、週一回の職員会議をもつ。会議の始めに校長講話を行う。当日の議題と関わる学校経営上の方針等を話す機会が多いが、その中で、「子どもの自己肯定感を高めるための取組」について話し、教職員が共通理解をもって取り組めるようにしている。

（例）九月第二回職員会議「学習発表会について」
○学校行事（文化的行事）における自己肯定感を高める取組（個性伸長と人間関係形成の重要性）
○担任としての取組のポイント
・担任の個性を生かす。
・子どもの個性を生かし役割を決定する。
・目的を明確にしたグループ単位・学級単位での協働作業を「共有体験」として設定する。
（体験の共有と感情の共有の重要性）等

②職員研修

本校教職員の年齢構成を見ると、二十代・三十代が半数を超えている。人権・同和教育において自己肯定感は重要な意味をもつものであるが、そのことの重要性についての理解は十分とは言えなかった。

そこで、職員研修として人権・同和教育、また、自己肯定感を高めるための学級経営、児童理解等についての研修を計画的に行った。

（例）１（七月職員研修）
○研修主題「教科書無償闘争と人権・同和教育」
○主な内容
・同和教育が取り組んできたこと
・教科書無償闘争から学ぶこと
・困難をかかえた子どもの「背景」をとらえることの大切さ

（例）２（九月職員研修）
○研修主題「職員自身が自己開示をしよう」
○主な内容
・職員自身が自らの現状をとらえる（担当職員が作成したフォームに記入）。
・二人組で、現在の自分像について語り、聞く。

ここでは二例を挙げたが、その他に、子ども同士の関わりを深める学級経営、保護者との信頼関係を深める懇談の在り方など、子どもの自己肯定感を高める内容や子どもにとって大きな影響力をもつ教職員、保護者の人間関係づくりに関わる内容で、適切な時期に適切な講師により実施している。

２　授業づくりを通した取組

本校では、授業を学校で最も時間をかけられる「共有体験」ととらえている。授業では、友達とペア・グループ・学級全体の活動や意見交換等を通して、様々な思いを共有できる。このような場面で子ども同士のよい人間関係を作っていくことで、子ども一人一人の自己肯定感が高まり、それが「安心して過ごすことができる学級」につながると考えている。

本校では、授業改善の取組の中で「進んで学び、友達との関わりの中で考える子どもの育成」を研究主題として取組を進めている。その中で、子どもの思考力・判断力・表現力の向上のため、授業の中での話し合い活動を大切にしている。話し合い活動の中で子どもが自分の考えを安心して発言し、また、友達の発言を心から聞くことは、話し合い活動を共有体験とするために重要である。研究班では、話し合い活動における共通理解事項を次のような内容で示した。

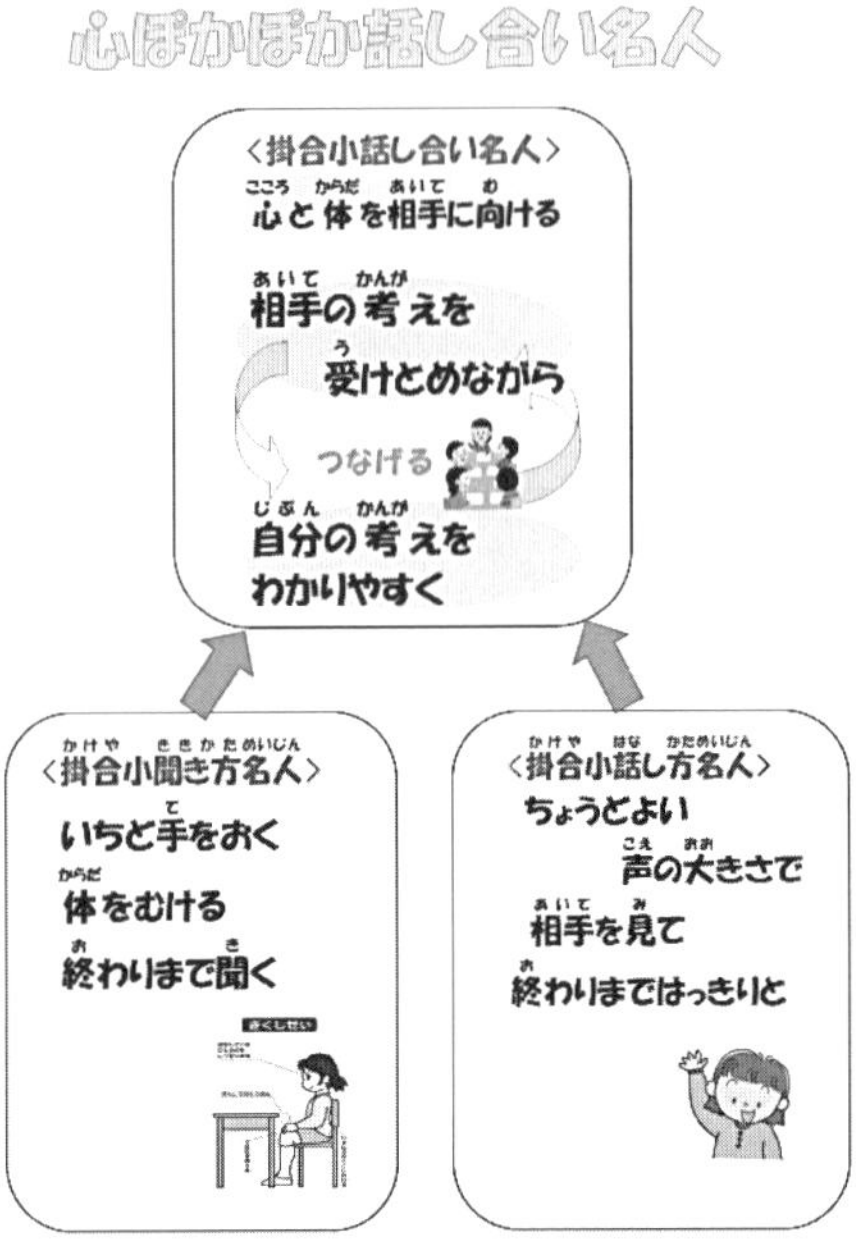

これは、子どもと担任の共通理解事項として掲示物として作成したものであり、授業を「共有体験」として成立させるために大切な基本方針である。日々の授業の中での取組を通して、子どもの自己肯定感を着実に育てたいと考えている。

３　子どもの自主的活動を通しての取組

(1)　児童会活動を通した取組

本校では、年に二度、「こころぽかぽか集会」（人権について考える集会）を実施している。第一回の内容は次の通りである。

こころぽかぽか集会（九月二十八日実施）

○ねらい

・子どもの人権意識を高め、友達を大切にしようとする態度を養い、あたたかな学校の雰囲気をつくる。

・相手を傷つける言葉は使わないで、思いやりのある言葉を使おうとする気持ちを育てる。

○活動の主な内容

◇集会前の取組
・各学級で「ちくちく言葉」「ぽかぽか言葉」について話し合い、取組を決めて実践する。
◇集会の主な内容
・人権と言葉についての本の読み聞かせを聞く。
・集会で学級ごとの取組を宣言する。
・人権についての友達の作文朗読を聞く。
・学習場面で使える「ぽかぽか言葉」について知る。

集会で中心の活動となったのは、各学級の人権宣言である。「わるくちや かなしくなることばは つかいません」「ありがとう、ごめんね、だいじょうぶ？ のことばをいいます」（一年生）等、学年に応じた宣言が発表された。

学習場面で使える「ぽかぽか言葉」については、教職員が楽しい雰囲気の劇を通して伝える工夫を行った。

このような取組は、すぐに成果が表れるとは考えていないが、学級や全校で継続的な取組を進めたいと考えている。

こころぽかぽか集会の様子

(2) 縦割り班活動を通した取組

本校では、日常の清掃活動、また、運動会等の学校行事について全校縦割り班を用いて行っている。異学年集団での子ども同士の関わりでは、同学年にはない感情の共有が行われると考えている。高学年の子どもは低学年の子どもと関わることにより「役に立っている」という自己有用感を育むことができる。また、異学年同士の関わりでは、より相手の気持ちをとらえるための努力や工夫が必要である。

本校では、運動会の応援合戦を「縦割り班活動」で行い、高学年の子どもが中心となって取組を進める。一年間の中で最も時間をかけて行う「縦割り班活動」である。その中で、高学年の子どもは、低学年の子どもの思いに心を寄せながら練習計画を作成し実施していかなければならない。年齢が異なるために、より相手の気持ちを察して行動したり、よりていねいに自分の気持ちを伝えたりする必要が出てくる。これが、異学年で行う「縦割り班活動」の意義だと考えている。

4　個に応じた支援（特別支援教育の充実）

本校には、知的障がい学級と自閉症・情緒障がい学級の二つの特別支援学級がある。私は、学校経営を行う上で個に応じた特別支援教育の推進を重要な柱として挙げている。ここでいう個に応じた支援は、特別支援学級に在籍する子どものみならず、通常の学級の子どもに対する支援を含めたものである。通常の学級に在籍する支援の必要な子どもの状態は様々で、それぞれ異なる困難を抱えている。このような子ども一人一人の自己肯定感を高めるための取組を次のように進めている。

まず、特別支援学級では、一人一人の子どもの課題について個別の支援計画に基づいて支援を行うが、それぞれの自己肯定感を高めるために、学校の皆が喜んでくれるような活動（金魚のエサやり・ゼッケン洗濯など）を行い、広く校内に知らせている。

また、通常の学級に在籍する支援の必要な子どもについては、個別の支援計画に基づいて担任と支援員が、他の子どもとの関わりを大切にした指導を行っている。

三　おわりに

子どもの自己肯定感を高めるためには、学校における教職員と子どもの関わり、子ども同士の関わり以外に、家庭における子どもと保護者の関わり、地域における子どもと地域住民との関わりも重要である。

子どもと保護者の関わりの中で育まれる自己肯定感は、自己肯定感の基礎となる重要な感情である。この基礎的自己肯定感を育むためには、学校が、保護者自身の自己肯定感を高め、子どもと保護者の人間関係を改善するための方策をとる必要がある。平成二十八年度の人権・同和教育研修会（一月実施）では、親子の人間関係づくりをテーマに行った。

さらに、子どもと地域住民との人間関係づくりのためには、校報を通して、学校での子どもの様子を地域に発信した。また、子どもへの地域の方からの声掛けのお願いが重要である。これも継続的に行っていきたい。
　最後に、このような学校の取組を進めていくためには、教職員が元気で意欲的に学校経営に参画することが大切である。教職員一人一人の自己肯定感を高めるため、校務分掌、また、仕事を進める際の校長としての言葉掛けを大切にしていきたい。

〈参考文献〉

※平成二十五年度研修報告「自尊感情を高める関わり」
　小川宏幸（平成二十六年三月　島根県教育センター）

4　グローバル化に対応する学校経営

「関わり合い」をキーワードに教育活動を改善

山口県下関市立一《いち》の宮《みや》小学校長

岡　良治

〈本校の概要〉

本校は、山口県下関市の南部に位置し、ＪＲ新下関駅や本殿が国宝に指定されている住吉神社にほど近い地域にある。児童数は四百八十五名、二十学級である。

本校の教育目標「豊かな関わり合いの中で　夢を抱きともに学ぶ子どもの育成」の具現化に向け、様々な教育活動を展開するとともに、「伝え合い、高め合う授業の創造」を研究主題に掲げ、授業改善を推進している。

また、平成二十四年度から、コミュニティ・スクールの指定を受け、保護者や地域住民との連携強化を図り、地域と共にある学校づくりを推進している。

一　はじめに

グローバル化の進展が叫ばれて久しいが、グローバル化に対応するためには、語学力・コミュニケーション能力、主体性と協調性、異文化に対する理解と日本人としてのアイデンティティを兼ね備えた人材を育成することが必要である。言い換えれば、我が国の歴史と文化を尊重し、人との協働の中で、自分の考えを明確にもち、生き抜く力をもっていることが大切である。小学校においては、自分の生まれ育った地域を愛していること、友達や家族、地域の人と関わり合いながら、自分を高めようと努力していくこと等が重要と考えている。それは、地域を愛する力が、やがて国を愛する力となり、人と関わる中で自分を高めることが、どこでも人と協力してやっていけることにつながるからである。

このような体験を積み重ねていくことが、日本の中だけでなく、どのような国の人とも自分の考えをもちながら協働的に関わり、人との関わりのよさを感じながら、自分に合った生き方を創り出すことにつながるであろう。

そのために、校長として、次の三つの児童像を基に、教職員、保護者、地域の方々と教育の方向性を共有し、共に進むべき体制づくりを行おうと考えてきた。

- ・人の考えを尊重しながら自分の考えをもち、ともに高め合う子
- ・人やものと関わり合いながら、夢を抱き、実現に向けて働きかける子
- ・粘り強く取り組むたくましい心身をもっている子

二　教職員・保護者・地域との協働体制の構築

コミュニティ・スクールである本校の学校運営協議会委員の方々は、学校に関わりたい、協力したいという思いを強くもっておられる。熟議や授業参観、授業での講話、放課後学習の支援、託児スペースの開設等を行っていただいている。また、本校児童が進学する勝山中学校区の地区教育協議会「勝山地区夢プロジェクト」においても、中学校区全体での熟議などを行っている。「日本一　ありがとうが飛び交う町　勝山」というスローガンを採択し、地域、家庭、学校が一丸となって、感謝の心を表す町になるよう取組を進めている。

教職員・保護者・地域の方による熟議

本校でも挨拶リーダーの活動や横断歩道での会釈の励行に加え、「ありがとうポスト」や「ありがとうDVD」の作成を行っている。

これら学校運営協議会や地区教育協議会の方々の思いを教職員が共有し、地域と共にある学校づくりに参画することが関わり合いを豊かにすることにつながる。

また、校務分掌組織を三部会制（確かな学力部会、豊かな心部会、健康・安全部会）として各部の主任が学校運営協議会でオブザーバーとして取組の説明を行うようにしている。中核となる教員が学校運営協議会で直接、学校の取組を説明し、理解を求め協力を仰ぐことは、地

域と教職員との関わり合いを強め、子どもたちと地域との関わり合いを豊かにしていく。

さらに、本年度から、「学校レストラン」（給食試食会）、「大人の体験授業」（児童が教科学習として行う活動を保護者や地域の方が体験）の取組を始めた。地域の方が積極的に学校に足を運んでくださるようになり、児童との関わり合いの場が確実に増えている。

三　人と関わる教育環境づくり

1　学年活動・授業交換で「関わり合い」を活性化

本校は、各学年三学級（一学年二学級）、特別支援学級三学級を含め、全体で二十学級の学校である。学年ブースのオープンスペースを活用して、月一回の学年朝会を実施している。また、各学年で学年活動を多く取り入れるとともに、三年生以上では、単元や期間を区切っての授業交換を行ってきた。それは、

○子どもたちに多くの教員が見守っているという安心感をもたせる。

○教員が得意とする分野を複数回指導することで授業改善を図る。

○教員が替わることで教員と児童、児童同士の関わり合いが活性化する。

などの理由からである。

しかし、学年三学級では、授業時数等の関係で日程を組みにくい面がある。そこで、高学年において、学年一学級に理科専科を配置し、残りの二学級で社会科と理科を交換した。また、理科専科が配置された学級の担任は、その時間を他の学級で少人数指導に当たることとし、多くの教員で児童と関わり合う体制づくりを行っている。

児童は、多くの教員と関わり合いながら、友達との関係を深めている。

2　特色ある生活時程で「関わり合い」を深める

本校では昼休みの後、十分間のグリーンタイムを設定している。これは、学級での集団活動、縦割り班によるふれあい活動、持久走や長縄などの体力向上の活動を行う時間である。

全校の児童、教職員が運動場に集まり、活動する姿は、学校としてのまとまりを感じさせる。内容や方法等につ

いては、見直しながら取組を改善しているが、今後とも継続することが、学校全体での関わり合いを深めることにつながると考えている。

3　フリートークで人と関わるよさを実感

朝学習の時間において、「関わり合い」を視点に取組を見直し、学級集団としてお互いが支えながら生活できるよう、誰かに認めてもらっていると実感できるよう内容を焦点化している。活動としては、フリートークを火・水・木曜日の週三回行っている。本校のフリートークのスタイルは、話題提供者が、まず自分のことについて話をし、その内容についての質疑応答を行う。次に、提供された話題に関連させて、児童同士が自由に話を進めていく。フリートークを通して、児童は「何でも言える」「仲間と話したり聞いたりすることが楽しい」と感じるようになっている。学級の支持的風土ができるとともに、フリートークを行うことで、コミュニケーション能力を高め、豊かな関わり合いのある授業づくりにもつながっている。

グリーンタイムでの全校遊び

4　地域や日本の伝統文化を通して人と関わる

他国の文化や相手の気持を理解するためには、自国について深く理解し、日本人としてのアイデンティティをもつことが必要であると考え、コミュニティ・スクールの利点を生かして、できるだけ多くの地域人材や外部講師による体験的な学

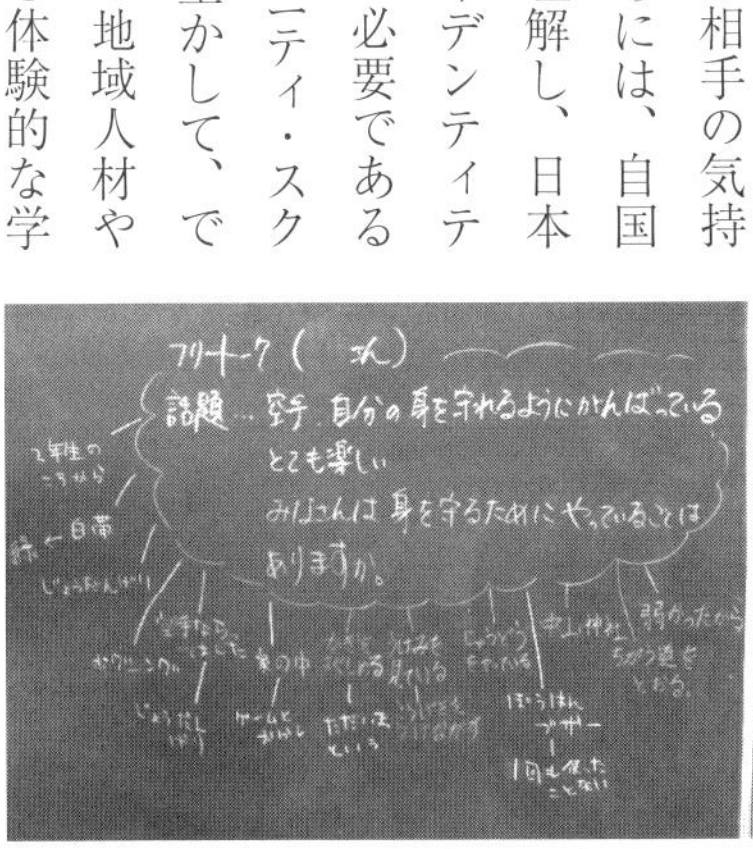

フリートークでの児童による板書

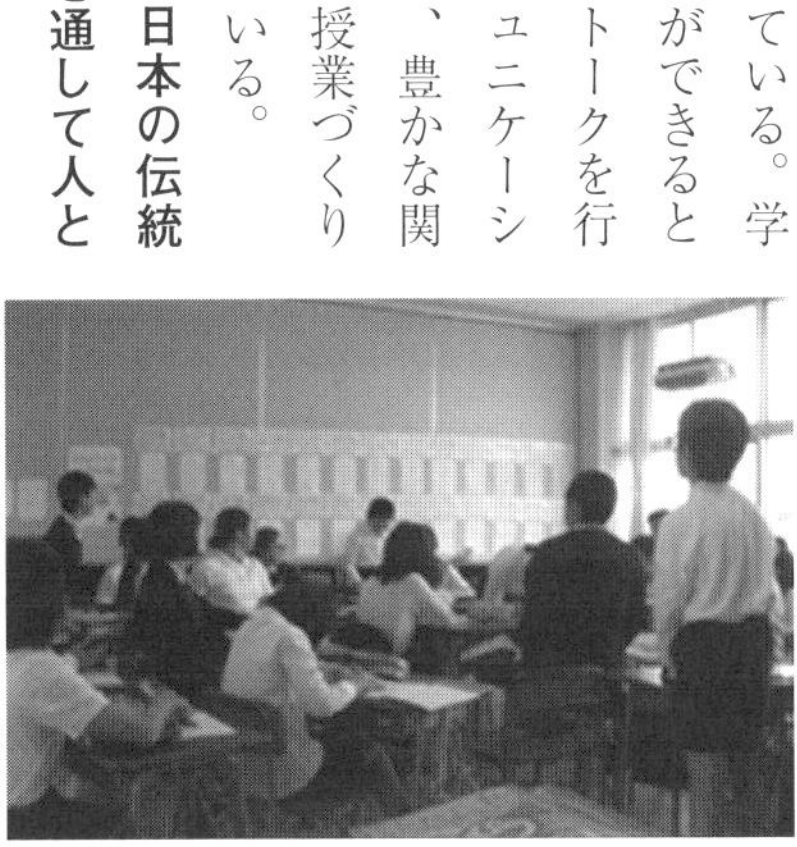

フリートークの様子

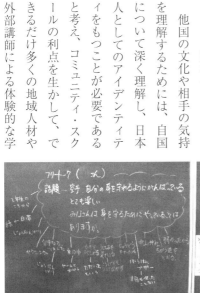

住吉神社での雅楽教室

地域人材による水墨画教室

習を計画的に教育課程に組み入れている。具体的には、近隣にある住吉神社での雅楽学習や歴史学習、地域の方による水墨画学習、短歌学習、ブックトーク、外部講師による日本舞踊教室やクラブ活動での茶道、ゴミリサイクル教室等、可能な限り学校外の人材を活用した教育活動を進めている。

児童は、講師や支援ボランティア等の人との関わりを通して、通常の授業では経験できない感動を伴った本物体験をしている。その思いは、本校が「関わり合い」の中で大切にしている「礼状」に表れている。礼状を通して、また新たな関わり合いが生まれることも多い。また、地域や日本の伝統文化に関心をもつ児童も多く見られ、地域の祭りに積極的にボランティア参加している。ここでも、新たな関わり合いができ、学校での教育活動がオープンエンド的（終わりが決められていないこと）な役割を果たしている。

さらに、本校では、中国大連市の小学校と友好交流校として、二年に一度の交流訪問を受けている。この機会を利用して、日本の文化や学校生活等について伝える場、外国の文化を知る場を設定している。半日の訪問で短時間ではあるが、積極的に関わる児童の姿が見られる。

今後は、ＡＬＴ（外国語指導助手）や近隣の大学の留学生と交流の場を設定し、地域や日本の伝統文化やそれについての自分の考えを表現し、伝える活動を進めていく予定である。

５　思いやりの心・感謝の心で人と関わる

相手の立場に立って気持ちを理解しようとする児童を育てるために、全校でお互いに感謝の気持ちを表現して伝える『ありがとうの木』の掲示を全校児童が通る廊下前の掲示板に設置している。児童は、学級の友達や縦割り班の上学年の児童、教職員や保護者・地域の方と、様々な人への感謝を一枚一枚の葉に綴っている。他の児童の気持ちを知り、新たな関わりが生まれたり、内面によい変容が見られたりしている。また、トイレのスリッパを出船の形に揃えることを通して、恕《じょ》の心（相手への思いやり）を育む取組も行っている。

掲示板の『ありがとうの木』

6　校内研修を通しての取組

本校では、「自ら学ぶ」を建学の礎に、教育活動全体において、いろいろな取組を行っている。

校内研修では「豊かな心」「健やかな体」の育成とリンクしながら、「確かな学力」をいかにして培うかに重点を置いて取り組んでいる。

確かな学力とは、全て言語活動によって培われるものであり、これらの学習活動の基盤となるものは、言語に関する能力である。言語は論理的思考力だけでなく、コミュニケーションや感性・情緒の基盤でもあり、豊かな心を育む上でも、言語に関する能力を高めていくことが求められている。

「伝え合い、高め合う授業の創造」を研究主題として、研修を行ってきた。国語科において様々な学習活動の中で、話し合いのスキルを身に付けさせ、話し合いの場を意図的に仕組んできた。しかし、自分の考えを全体の場で表現したり、他者の意見に関連付けて自分の考えを述べたりすることを苦手とする児童が多く、コミュニケーション能力（伝え合う力）を更に付けさせることが課題として挙げられている。課題解決に向けて、「豊かな関わり合い」を学習や活動の中に効果的に設定し、共に学ぶ中で、思考力や表現力を養うことにしている。

四　おわりに

グローバル化に対応した人材を育てるという観点において、本校は「関わり合い」を基盤とした学校経営を進めている。今回取り上げなかった英語教育（外国語活動）でも、関わり合いを通して、語学力・コミュニケーション能力の育成を図っている。

小学校の段階で、グローバル化に対応した児童という目に見える姿を求めることは難しいが、「関わり合い」を通して、児童の行動、表現、表情が変容してきていることは見て取れる。また、教職員がチームとして、目標を明確にして協働実践していることが児童の変容に大きく影響している。今後も、「関わり合い」をキーワードに教育活動の更なる改善を進め、児童のコミュニケーション能力、主体性と協調性、日本人としてのアイデンティティの育成に力を注いでいきたい。

5　主体性・協働性を育む学校経営

教職員の意識を高め、活力ある学校づくりを目指して

香川県三豊《みとよ》市立仁尾《にお》小学校長
澤　田　純　三

〈本校の概要〉

本校は、香川県三豊市の北西部に位置し、南・東・北の三方を七宝山系の山々に囲まれ、西は燧灘《ひうちなだ》に面し、気候も穏やかで豊かな自然に恵まれた地域にある。児童数は二百四十九名、十二学級、職員数は二十八名で三豊市においては中規模校の学校である。

本校の教育目標である「豊かな感性をもち　たくましく生きる子ども」を目指し、合言葉でもある「笑顔　元気　思いやりいっぱい」の子どもを育成すべく教職員一同スクラムを組んで子どもの力を伸ばし、地域に信頼されるよう日々の教育活動に取り組んでいる。

一　はじめに

本校に赴任し、平成二十八年度で二年目となった。八年前に新採教頭として二年間勤務した経験はあるものの、児童の実態や保護者・地域の学校に対する関心や関わりについて十分把握している状況ではなかった。児童や教職員などと積極的に関わるように努め、ようやく一年が終わり、やっと全校児童の実態及び顔と名前の一致、教職員の人間関係や学校経営への参画意識、保護者・地域の状況が把握できてきた。これから、組織を活性化することにより、児童も教職員もみんなが元気になり、活力ある学校運営を行うことを自分に誓った。

そのためには、校長が課題解決への見通しを明確に示すとともに、具体的な取組を全教職員が共有化することが必要である。学校は組織体であり、教職員の意識を高めていくためにも、個々の役割や力を組織の中でどう機能させていくかが大切になってくる。その基盤となるのが、教職員それぞれの存在感や役立ち感であり、役割を自覚して意欲的に仕事に取り組める居心地のよい学校

である必要がある。

そこで、児童・教職員、さらには、保護者・地域とのコミュニケーションを図り、組織を活性化し「元気な楽校（楽しい学校）づくり」に取り組んでいくことにした。

二　課題解決を目指す経営戦略

児童の実態としては、全体に明るく素直であり、楽しく学校生活を過ごしている児童が多い。児童会を中心とした朝の挨拶運動や、ボランティア活動にも積極的に取り組むなど、落ち着いた雰囲気の中で学習や学校生活が送れている。しかし、個々の児童に目を向けると、不登校傾向や自分の心のコントロールが十分できない児童や、学習や生活面において各学級に支援や指導が必要な児童もいる現実があった。中でも欠席する児童が多く、平成二十七年度は、一年間を通して出席率が九九％を超える月がほとんどない現状であった。

本校の教職員の構成について、経験豊かな高年齢の教員の割合が多いところであるが、学年団の構成においては、バランスのとれた年齢構成となっている。学年団において、ベテラン教員と新任、若年教員との意思の疎通を図り、若年同士が学び合う機会や、思いや悩みを共有し合う環境となっている。

保護者・地域住民の教育への関心は高く、全体的に協力的で学校教育に理解を示してくれるとともに、三世代の家庭が多いため、祖父母などが養育に関わってくれている。しかし、家庭環境の変化で家庭の教育力が弱まっている現実もある。

そこで、このような実態を踏まえ、次のような実践的な経営戦略を構想した。

・児童と様々な場面で関わり、お互いに信頼関係を築いていく。（児童に関わる）
・コミュニケーションを効果的に活用して教職員の一人一人の資質・能力を引き出す。（教職員に関わる）
・積極的に保護者・地域との関係づくりや保・幼・小・中の連携を進めていく。（保護者・地域に関わる）

三　具体的な取組と教職員の変容

1　児童に関わる

本校の児童の現実を知る上でも、常に時間が許す限り、児童と直接的な関わりを通して実態をまず把握するべきであると考える。児童の実態とは、児童の体力、気力、学習状況をどのようにとらえ、考えるかということでもあり、データに基づいて実態を把握できるものもあれば、児童との関わりやふれあいの中で感じられるものもある。それらについて、校長としては、自らイメージできるほどに、児童の現実を知らなければならない。

１年生歓迎遠足でのサンドアートづくり

(1)　児童と一緒に毎日登校

通学路や登校の様子を把握し、交通指導をするために、毎朝集団登校の集合場所まで歩いて行き、そこから児童と一緒に学校まで登校する。登校中の児童との会話の内容は多岐にわたり、必要があれば担任に情報を伝える。本校の登校範囲は、学校の場所が町内の中心にあり、児童の登校範囲は、概ね学校を中心に半径二キロメートル内で、一地区のみスクールバス（片道四キロメートル）での登校となっている。

(2)　児童会企画のイベントに教職員も一緒に参加

一日でも欠席ゼロの日が増えるように、児童会の発案で、全校生全員が登校すれば、昼休みが十五分長くなる「元気の日」と設定し、教師やクラス全員で楽しく活動している。

また、ダンスやものまね、合唱など、各自の特技を見せ合う「お楽しみコンサート」を学期に一回、体育館で開催している。普段は気付かなかった友達や先生方の才能に驚いたり笑ったり、人気のイベントである。教職員も積極的に参加するようになったことで、児童との距離もより縮まり良好な人間関係が築けるようになり、学級経営にもいい影響を与えている。学習発表会においては、教職員も創作劇を考え出演している。

(3)　児童の顔と名前の一致

児童と関わる時は、名前を呼ぶことで児童とつながり信頼関係を築いていく第一歩となる。しかし、顔と名前が一致していないと、児童を呼ぶ時にとても不便を感じる。そこで、授業はもちろん休み時間、給食、清掃等の時間には積極的に児童に関わるとともに一緒に活動することを心掛けている。顔と名前が一致すれば、校長室に掲示しているクラス集合写真に名前を記入していく。（平成二十七年度児童の名前を覚えられた人数は、二六一人中二二五名、八六・二％）関わりが少ない学年や児童については、なかなか顔と名前が一致しない課題も残っている。

２　教職員に関わる

学校は資質・能力をはじめ年令、性別、経験、専門性や特技など、それぞれ持ち味の異なる教師集団で構成されている。校長は、学校が抱える課題の解決のために、これら教職員の個々のよさを生かし教職員がもつ力を十分に発揮できるようにするとともに、各自の職能を一層向上させるように、学校運営を推進していくことが重要である。その際、運営組織における個々の役割を明確にするとともに、各役割内や役割間の連携を図りやすくすることによって、教師集団としての同僚性や協働性を発揮しながら共に取り組もうとする意識を高めていくことが大切である。

(1)　日常的な教職員との対話

校長は、どんな場面でも怒った顔を見せずに、いつでも目が穏やかである必要がある。これは、表に見えている部分だけでなく、人間的にもそういう人間でないとよい学校経営はできない。失敗や問題が起こったり、判断に困ったことやどうしたらよいか分からなくなったりした場合に、気軽に相談できる校長でなければならない。そのためにも、第一に何よりも教職員とのコミュニケーションがなされなければならない。まず、明るい元気な

年度初めの職員会議において、職員のグループエンカウンターを実施

声とともに和やかな笑顔で「おはようございます」の挨拶である。さらに、挨拶に続いて「ありがとうございます」とか「ご苦労様」「お疲れ様」といった労《ねぎら》いの言葉掛けがなされているか。このような最も身近な言葉掛けこそが、教職員とコミュニケーションを図る基礎となる。

教職員と良好な人間関係ができることで、日常的に「報告・連絡・相談」の徹底が図られ、さらに、「確認・協力」する姿勢が見られるようになり、教育活動や課題への対応がより円滑になってきた。

また、教職員との対話が増え、一人一人に対する理解が深まった。些細《ささい》なことだが誕生日サプライズとして、職員室の黒板にお祝いのメッセージを掲示し、誕生花の入った栞《しおり》をプレゼントしている。他にも若年教員の企画として、月末職員会議でささやかではあるが誕生会を行っている。

(2)　教頭との良好な人間関係づくり

校長が学校経営をするに当たり最も頼りにしているのは教頭である。教頭は校長の良き理解者やサポート役、さらには、不在時には代理を務めることもある。また、職員集団を取りまとめるのも大切な役割である。しっかりと動いてもらうことが重要である。教職員と同様に日頃からのコミュニケーションをよくとっておくということである。具体的には、

・教職員同様、常に労いの言葉掛けを心掛ける。
・校長会、教頭会での情報をお互いに共有する。
・金曜日に次週の予定や職務に関わる伝達・確認。

(3)　主任主事や用務員との連携

学校という組織は教員だけで動いているのではない。主任主事、用務員、支援員など様々な人たちの力にあずかっていることが非常に大きい。どちらかと言えば縁の下の力持ち的存在である。このように、教員はもとより、それとは全く異なった履歴や職務内容の人たちも組織の一員としてうまく生かしていくことが求められる。特に主任主事については、教職員や児童、保護者、学校運営についての重要な情報源となっている。

3　保護者・地域に関わる

校長は誰でも、保護者や地域の皆さんとの関係を大切にしなければならないと思っていることと思う。私も、

幼・保・小・中連携の一つである「こんな子どもを育てます！」（全家庭に配付）

仁尾町の保育所・幼稚園・小学校・中学校は連携して

こんな子どもを育てます！

保護者の皆様のご協力をよろしくお願いします！

あいさつのできる子

保育所や幼稚園では　小学校では　中学校では

○登校(園・保)したら「おはようございます」帰るとき「さようなら」
○授業のはじめに「お願いします」終わりに「ありがとうございました」
○職員室に入るとき「失礼します」出るとき「失礼しました」
○来校者には「こんにちは」
○感謝の気持ちの「ありがとう」

家庭や地域では

○朝「おはようございます」
○学校に行く「行ってきます」
○地域の人に「こんにちは」
○寝るとき「おやすみなさい」
○「ありがとう」「ごめんなさい」

やくそくを守る子

保育所や幼稚園では	小学校では	中学校では	家庭や地域では
○はきものをそろえる ○遊んだあとの片付けをする ○とびだしをしない	○はきものをそろえる ○正しいみなりをする ○交通ルールを守る（ヘルメット着用） ○黙って清掃をする	○はきものをそろえる ○持ち物を片付ける ○交通ルールを守る（ヘルメット着用） ○黙働清掃	○危険な遊びをしない ○ゴミを捨てない ○ルールを決めて使う（ゲーム、スマホなど）

ことばを大切にする子

保育所や幼稚園では	小学校では	中学校では	家庭や地域では
○ふわふわ言葉を使う ○人の話をよく聞く ○親子で絵本をみる	○正しい言葉遣いをする ○人の話をよく聞く ○文字をていねいに書く ○考えや思いを伝え合う ○ふわふわ言葉を使う	○正しい言葉遣いをする ○人の話をよく聞く ○文字を丁寧に書く ○考えたことを伝え合う ○読書で活字に親しむ	○親子で会話しよう ○読書の習慣をつけよう ○差別につながる言葉を使わない

みんなで育てよう仁尾町の子ども！

当然のことながら、保護者や地域との関係はとても大切にしなければならないと思っている。しかし、いざ管理職になると、保護者等外部からクレームをつけられないように、どちらかというと無難な対応や関わりで済まそうと考えがちになってしまう。

学校の考えや意見はしっかりと学校だよりや参観日、学校公開日等を利用して保護者に発信し、保護者や地域住民の期待に応えるよう努めている。

(1)　校長がまず地域に出かける、地域との関係づくり

校長は学校の代表である。地域の会合では、「一言お願いします」とよく挨拶を依頼される。この時こそ、学校の状況や課題となること、支援の必要状況等を見定めながら伝えていくことは、実態を理解していただく良い機会と考える。保護者への学校情報の積極的な発信に努めてきた結果、本校ホームページのアクセス件数から八割の家庭が閲覧していると想定される。（ＰＴＡ会員数一九二）

(2)　保・幼・小・中連携の推進

三豊市仁尾《にお》町は、二つの小学校が一つの中学校に進学する。中学校では本校の児童が大部分を占めることや、今後、児童数の減少が見込まれることから、なおさらのこと小・中学校の連携の推進が欠かせない。学期ごとに幼稚園との交流や地震を想定した合同の避難訓練を行い、中学校とは校内研修を中心とした授業参観、教職員の合同研修を実施している。

四　おわりに

活力ある学校経営を推進していく上で、校長と教職員、教職員相互のコミュニケーション、良好な人間関係が活発になされることは大切である。このコミュニケーション、人間関係は、校長の経営方針をより浸透させることにつながるとともに、教職員の主体性・協働性をより一層高めていくものと考える。欠席者も減少し、児童・教職員ともに学校生活全体に活力が出てきた。今後更に児童・教職員・保護者・地域と関わり良好な人間関係を築いていき、活力ある学校づくりを目指すとともに、日々の教育活動に取り組める雰囲気づくりや率先遂行に努めていきたい。

6　キャリア教育を重視した学校経営

校内研修と児童体験活動を中心とした教職員の意識改革を通して

熊本県菊池市立菊池北《きくちきた》小学校長

桐　陽　介

〈本校の概要〉

本校は、周辺に豊かな自然、肥沃な田園地帯を擁《よう》する。中世時代に勢力をふるった菊池一族を主神とする菊池神社に隣接しており、児童数は現在二百八十三名、十四学級で多くは近接の菊池北中学校へ進学している。

本校の教育目標「夢と希望をもち、学び合う姿が輝き、豊かで温かい心をもった、たくましい児童の育成」の具現化に向け、コミュニケーション力の育成、地域社会との交流及び地域の方との協働による体験活動、学習活動に取り組んでいる。児童の社会的自立を図るために、キャリア教育の視点に立った取組を行っている。

一　はじめに

本校は、児童の学力水準は概ね平均以上であるが、学級間に格差がある。生活指導面ではいくつか課題が見られるものの安定している。

また、学校に対する保護者の意識も高く、協力的である。

狂言やクラブ活動にも地域の方の協力があり、教職員もこれらの教育活動に取り組んでいる。

先進的で充実した取組のため、教職員の企画力や外部との折衝力は、学校経営上、大変重要な要素となる。

一方、種々の学力調査からは思考力・判断力・表現力に課題があるとともに、児童自ら関心をもち、自ら進んで学習に取り組むことに課題がある等の報告も出た。また、教師の指導観も、教え込み型の授業が依然として教師の中に見られ、「生きる力」の育成に対し、重きを置き迫る教師が必ずしも多くないという実情であった。

このことから、カリキュラム・マネジメントの発想をもち、合科的・横断的に学校の教育諸活動と組み合わせ、総合的に取り組んでいく必要があると考えた。

すなわち、授業の在り方を徹底指導と能動型学習の組み合わせに転換させることや、学校教育諸活動において、授業の在り方と諸活動を関連付けて取り組ませるよう、教職員の意識改革に迫ることを学校経営上の重要課題とした。そのため、校内研修を中心として教職員の意識改革を行った。

二　課題解決を目指す経営戦略

これまで培われた授業実践経験や学校経営を具体化する上での教育観、指導観、授業観の転換は容易ではなかった。なぜなら、主体的に「生きる力」の育成のための授業に関する理論的な考えをもたないこと、授業が自分（児童）の人生の大きなヒントとなりうる意識付けがないことなどが考えられる。そして、様々な諸活動面で教師の多くが指示待ちであり、自分から考え、動くということが少なかった。

これらの克服のため、研究主任を中心に連携して校内授業研究を練った。また、教頭に対し校務改革（教師が集団的かつ自立的に機能する）を行うようにリーダーシップをとること。及び本校職員やその他の材料でマネジメント（経営）していくことが必要であった。

そこで、教職員の考えをできるだけ新たにするための形成戦略を次のように構想した。

○真面目に教育諸活動に取り組むものの、結果の報告・連絡・相談に終始し、「自ら」よりも「受け身」の消極的な職員もいるため、校務分掌組織上でのチーム方式を取り入れ、学年部会や校務分掌チームで動ける組織に変える。

○研究主任に対し、社会的自立を図るため、キャリア教育の視点を取り入れた校内研究を実施していくように意識改革を図らせる。

○教務主任に対し、研究主任からキャリア教育の視点を加えた校内研修の目標及び内容を伝え、組織的に動かすことで、教職員全体に意識改革を図る。

三　経営戦略に基づく具体的な取組と教職員の変容

1　校長講話

「教育で大切にしなければならないこと」

平成二十八年四月当初の職員会議で校長として学校経営構想を述べた。この中で基礎・基本を徹底指導することと、これらの知識・技能を活用して思考し、判断し、表現することの重要性を話していった。また、「生きる力」を育成するためにキャリア教育の視点をもって教育指導に当たれるよう次のような児童像を示した。

○自己を見つめ、自分も身の回りの人も大切にし、確かな目標をもつ児童（夢と希望）
○よく学び、共に高め合い、途中であきらめない伸び行く児童（努力と挑戦）
○元気よく、心も体もたくましい児童（自信と誇り）

このような自立した児童の育成のために、キャリア教育の視点に立った考えと実践が必要であることを丁寧に説いた。

2　研究主任による先導的な研修・研究の促進

研究主任には、キャリア教育の必要性、重要性について本校の取組を例に挙げ、全職員に話をするように指示をした。キャリア教育にとって必要なことは、コミュニケーション能力の育成であることを説明し、校内研修の目標の中にコミュニケーション能力の育成を課題とし、周知するように伝えた。次がその時の研究主任の言葉である。

研究主任からの資料をもとにした校内研修

（前略）その大きな目的の一つが、「コミュニケーション能力」の育成である。この能力は、二十一世紀を生きぬく上で必要不可欠な能力ととらえ、学校生活全ての教育活動の中で育てていく必要があると考えてほしい。

研究構想図

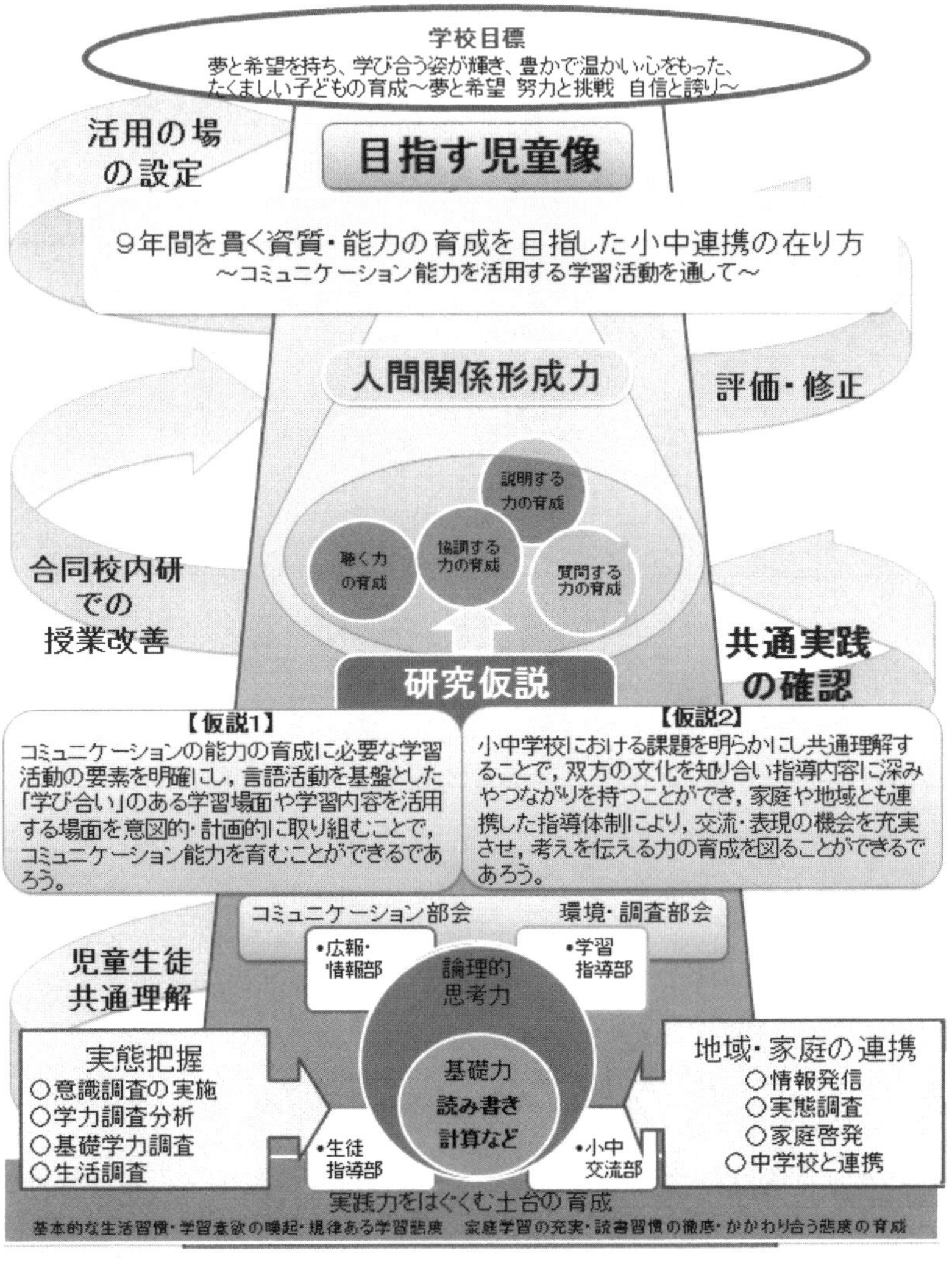
学校目標
夢と希望を持ち、学び合う姿が輝き、豊かで温かい心をもった、
たくましい子どもの育成～夢と希望 努力と挑戦 自信と誇り～
活用の場の設定
目指す児童像
9年間を貫く資質・能力の育成を目指した小中連携の在り方
～コミュニケーション能力を活用する学習活動を通して～
人間関係形成力
評価・修正
説明する力の育成
聴く力の育成
協調する力の育成
質問する力の育成
合同校内研での授業改善
共通実践の確認
研究仮説
【仮説1】
コミュニケーションの能力の育成に必要な学習活動の要素を明確にし，言語活動を基盤とした「学び合い」のある学習場面や学習内容を活用する場面を意図的・計画的に取り組むことで，コミュニケーション能力を育むことができるであろう。
【仮説2】
小中学校における課題を明らかにし共通理解することで，双方の文化を知り合い指導内容に深みやつながりを持つことができ，家庭や地域とも連携した指導体制により，交流・表現の機会を充実させ，考えを伝える力の育成を図ることができるであろう。
コミュニケーション部会
環境・調査部会
児童生徒共通理解
・広報・情報部
・学習指導部
論理的思考力
基礎力
読み書き計算など
・生徒指導部
・小中交流部
実態把握
○意識調査の実施
○学力調査分析
○基礎学力調査
○生活調査
地域・家庭の連携
○情報発信
○実態調査
○家庭啓発
○中学校と連携
実践力をはぐくむ土台の育成
基本的な生活習慣・学習意欲の喚起・規律ある学習態度　家庭学習の充実・読書習慣の徹底・かかわり合う態度の育成

（中略）本校は、自分の思いや考えを伝えることを苦手としていたり、昔から知っているので言わなくても相手のことを分かっているつもりになっていたりする子が多い。

　そこで、授業や行事の中で、意図的な交流の機会を設けていただきたい。


　そして、このことを仮説（1）とし、一年間の共通実践内容としてとらえさせた。一方、仮説（2）には、教職員の意識改革に当てはまるものを入れた。これによって、教職員が主体的に動き、実践する項目を整理させた。

　このような経営戦略により、教職員はキャリア教育の推進に取り組み、キャリア教育の充実とともに、少しずつ意識が変容してきた。例えば、指導簿に記載される内容や業績評価に変容が見られるようになった。

　さらに、研究授業を行い、その後の授業研究会では、各学年部会における今後の取組も併せて検討することで、それぞれの職員の意識が変わり、教え込み型の授業から、児童が自ら学ぶ能動型学習の場面を取り入れ、コミュニケーションを高める視点での授業内容が増えてきた。更に授業の質を高めるため、児童に対話させる場面や思考する場面を作るようになってきた。それぞれの場面において、職員はそれぞれの立場で連絡調整に当たり、主体的に動くように話を進めていった。

3　本校職員の意識改革と自立――児童体験活動の推進

　職員一人一人が、活動の中心体となり、主体的に内容を考え、学校の教育活動に協力する地域の方々との交渉を始めた。各学年の実践は各学年で取り組み、計画から評価までP・D・C・Aサイクルを基に推進した。このように、校長講話や校務分掌組織の改善及び研究主任からの諸提言により、職員の意識に変容が見られ、一人一人の取組に主体性が見られるようになってきた。

　以下は、コミュニケーション能力の育成で、意識改革が図られた一例である。

(1)　外国の方との交流
　外国語活動の場合、言葉だけでなく「表情」や「動作」で思いや考えを伝えていくことが重要となる。授業の中で学んだことを活用する機会を設け、より実践的な学習になるよう、全職員で計画的に進めている。

(ア)　外国の方をお招きして

管内で働かれているALTの方を多数お招きし、学年に応じた交流をする。例えば、「日本の文化を伝える」といったことである。「習字」や「茶道」といった日本文化を紹介する。言葉だけで伝えることが難しいので、自然と「表情」や「動作」を通して伝えるようになってくる。

(イ)　修学旅行を活用して

地域伝統文化（狂言）

本校の修学旅行では、外国の方との交流を取り入れている。初めて出会う外国の方にも、これまで学んできたことが通用するのか児童に体験させるようにしている。ここでの成功体験（言葉で伝わり、表情や動作でも伝わった）が、生きる力の育成のためのキャリア教育へつながると考え、六年生で計画し、実践している。

(2)　地域の方との交流

本校では、様々な行事・クラブ活動などを通して、地域で活躍されている方々を講師に招き交流を深めている。クラブ担当者が講師の選定からその内容まで率先して担当し、講師と話し合いながら進めている。「農業関係者」や「商業関係者」だけでなく、様々な技術をもった方々も交流対象である。「狂言」「雅楽」「茶道」「伝統料理」など、その技術を子どもたちに伝えてもらうようにしている。その中で、日本の伝統技術の素晴らしさ、伝統を守ることの大切さなどを学ぶ。

4　夢を抱くことのできる交流の設定

(1)　スポーツ選手との交流

平成二十七年度まで、県体力向上指定校ということもあり、様々な種目の方々をお招きし交流を進めてきた。その交渉には、体育主任が中心となり、交渉しながらまとめてきた。また、外部指導者には、それぞれの協会の方との直接交渉を行った。「水泳日本選手権出場者」「熊本城マラソン優勝者」「実業団ラグビー選手」「エアロビック日本代表」「陸上オリンピック選手」などである。技術指導だけでなく、これまでの経歴を話される中で、日頃の生活態度や諦めない心など、生きていく上で必要なことを語ってもらうように交渉した。トップアスリートの競技力を目の前で見せることで、児童の意欲は向上し、教職員の意識が大きく変わった。

(2) 様々な職業の方との交流

学年に応じて、様々な職種の方との交流を進めている。総合的な学習の時間や各教科等、また、各学年の行事にこのことを位置付け、専門職の方の所へ行ったり、学校にお招きしたりしながら仕事の魅力などについて語ってもらっている。学年によっては「街頭アンケート」を実施し、地域の実情を知ったり、児童が考えた料理を、地域のお菓子や和食のプロ職人の方の前でプレゼンテーションしたりした。ここでも学年部会を設け、教員間で共通理解を図った。

街頭アンケート

「赤米」等の街頭販売

毎年五年生には、自分たちで作った「赤米」を、袋詰めし販売をすることで、地域との交流だけでなく、物流についても学ばせている。仕事における工夫や苦労を体験させることで、働く意義を学ばせる。そのねらいを共有する学年部会をもった。これらのことは全て、該当学年の教師で、計画から実践、評価を行う。新しく本校に来た職員も学校経営における取組や研究主任の話、教務主任による教育課程への具体化によって意識が変わり、充実した取組を行うようになっている。

5　九か年間を見通した児童の育成

本校区では、平成二十九年度から一小一中となった。地域のつながりだけでなく、中学校との連携も必要となってくる。そこで、児童同士や地域との交流、中学校との交流を進めている。「小中連携推進委員会」をつくり、プラットフォーム型（客観的）で進めていっている。

朝の自主的な挨拶運動

例えば、四校統合による本校二年目から始まった朝の自主的な挨拶運動は、毎日継続して行っている。

また、夏休みに行う学習会には、中学生が先生役として、学習のサポートをする機会を設けることにした。中学生との交流を通して、中学校への期待を抱かせる場として活用している。

四　おわりに

校内研修と児童体験活動を中心とした学校全体としての取組を通して、教職員の意識が大きく変わり始めた。

しかし、全ての教職員の意識を変えるためには、日頃の地道な積み重ねが必要となる。職員と対話し不十分なところはないか、アイデアはないかと意見を交わし合うことで改善が図られると考える。どれだけ、強い権限で教職員に命令したとしても、そこから有効な教職員の動きは現れず、意識改革は実現できない。教職員との日常会話、課題に対する対話をこれからも欠かさず続けることを通して、全ての職員の意識改革を図っていきたい。

第四章　これからの教育課題に挑む学校経営

提言

これからの教育課題に挑む学校経営
―不易と流行を踏まえた経営の活性化―

福岡県糟屋郡須恵町立須恵第一《すえだいいち》小学校長

稲津一徳

一 はじめに

平成二十七年八月に中央教育審議会から出された「論点整理」を受け、矢継ぎ早に平成二十八年八月には、各学校段階や教科等別の専門部会で審議された内容が「審議のまとめ」として公表された。平成三十二年度からの新学習指導要領全面実施に向け、文部科学省は周到かつ確実に準備を加速している。このような動きやその内容は、次期改訂において、義務教育の在り方についての大きなパラダイム転換を予感させるものである。なぜ、このように慌ただしい動きとなってきているのであろうか。その要因の一つとして、世界の一人当たりのGDP（国内総生産）に占める日本の割合が低下していることが挙げられる。我が国の一人当たりのGDPは、一九九三年にはアメリカに次ぐ世界第二位であったが、二〇一二年には世界第十位にまで低下している（OECD加盟国中）。今後、少子高齢化の進行や生産年齢人口が減り続けること、更には近未来において、人工知能が人類を越えると予測されていることなどを考えると、今や教育が担う次世代育成の充実は、国家的な課題と言っても過言ではない。

また、一時、日本の学力低下が危ぶまれたＰＩＳＡ調査（ＯＥＣＤ生徒の学習到達度調査）において、直近の結果が世界トップレベルまで回復したとの報道がなされていたが、依然、自己肯定感や主体的に学習に取り組む態度、社会参画の意識などは、国際的に見て相対的に低く課題として挙げられている。

さて、このような時代にあってこれからの教育課題を考えるとき、どのような時代になろうとも変わらない不易とも言える課題と、未来予測に基づく流行とも言える課題とがあると考えている。流行は、政財界の要請や環境問題、健康問題、自然災害等の社会構造や地球環境の変化とともに現れる課題である。一方、不易は、教育基本法第一条の教育の目的に「教育は、人格の完成を目指し、平和で民主的な国家及び社会の形成者として必要な資質を備えた心身ともに健康な国民の育成を期して行わなければならない」と示されている。私は、教育課題を不易と流行という見方でとらえたとき、この二つは相互補完的な関係であると考えている。つまり、時代に取り残された不易とならぬよう流行がその時代に必要とされる中身を示し、時代に振り回される流行とならぬよう不易が本質を指し示す関係となっているのである。したがって、これからの教育課題に挑む学校として求められることは、子どもの実態や保護者・地域のニーズなどから教育課題の不易と流行を的確にとらえ、経営の活性化に取り組むことである。

二　不易と流行を踏まえた経営の活性化

1　社会を生き抜く力を育む

前項でも述べたが、教育の目的は、平和で民主的な国家及び社会の形成者として必要な資質を養い、人格の完成を目指すことであり、これが不易の課題である。そして、時代や社会の変化を受けて小学校英語の導入や道徳の教科化、防災教育の実施などといった流行とも言える課題が現れる。いずれも子どもたちが、今後社会を生き抜く上で取り組むべき課題であり、この課題への取組を通してどのような力を付けるのかを明確にすることが、学校経営を活性化させる基軸となる。私は流行とも言える様々な課題に対応するためにも、社会を生き抜く力を不易からとらえることが重要であると考えている。このように考えたとき、中国思想の研究家である原富男《はらとみお》氏が、『道徳を要請する人間の論』において示した人間のとらえ方が参考になる。それは、人間はこの世に唯一無二の個別的存在であるとともに、様々な人・もの・ことと関わり合って生きる関係的存在であるというとらえ方である。このとらえ方に基づき、社会を生き抜く力を個別的存在や関係的存在として必要な力ととらえ直すことで、不易としての教育目標が見えてくる。

では、個別的存在、関係的存在である子どもたちに育むべき力とは、どのようなものであろうか。私は、個別的存在に必要な力として非認知的能力、関係的存在に必要な力として『社会力』に着目している。まず、非認知的能力とは、「忍耐力がある」「自制心がある」「意欲的である」といった人間の気質や性格的な特徴のようなものと言われている。米国シカゴ大学のヘックマン教授らの研究業績により、これら非認知的能力は、学歴・年収・雇用などの面で子どもの人生に長期的に好影響をもたらす要因であり、教育により鍛えたり伸ばしたりすることが可能であるとされてきている。次に、『社会力』とは、筑波学院大学教授等歴任の門脇厚司《かどわきあつし》氏が提唱した力であり、「人が人とつながり、社会を作り、作り変える能力」と規定されている。この社会力は、社会性が社会への適応性を指すのに対して、社会を構成する人間関係を改善し、積極的によりよい社会に作り変えていく社会への参画力とも言える能力である。このように社会を生き抜く力を不易からとらえることで、時代や社会の変化に翻弄《ほんろう》されない経営の基軸を明確にできるのである。

2　教育活動の再吟味

これからの教育課題に挑む学校経営を活性化する上で、不易の面から子どもたちに育みたい力を割り出す意義や、基盤となりうる二つの力について述べてきた。ここでは、学校の教育目標の実現に向けて、どのように教育活動を展開し、経営を活性化していけばよいのかについて述べてみたい。学校の教育目標（目指す子ども像）が変わっても、教育活動がなかなか変わらない。また、教育活動を変えても、職員のモチベーションが上がらず活動が停滞するという話を耳にすることがある。何故このようなことが起きるのであろうか。私は、「目標」「目標と教育活動のつながり」「組織運営」の三つを再吟味する必要があると考えている。

一点目は、目標の再吟味である。チーム力の高い学校では、全職員で目指す子ども像が共有化されており、目的に向けて生き生きとした教育活動が展開されている。校長であれば誰もがそのような学校像を描き、教育目標を教室まで行き届かせたいと願うところである。そのためには、全職員で子どもの実態を分析しながら教育課題を明らかにし、重点目標を設定する手続きが有効である。京セラの創業者である稲盛和夫氏は、「目的をもった集団（会社）であれば、価値観を共有してはじめて、達成への永続的、集中的な取組が可能となる」と価値観を共有する意義について言及している。多忙な学校現場で教育課題を明らかにし、重点目標を決める手続きを踏むことは、かなりの労力を要することである。しかし、目標の価値を理解させせずに取り組ませることは、職員のやらされ感を大きくするばかりか、仮に目標を達成してもモチベーションの向上につながりにくいことを、私たちは経験的に感じている。目標設定の段階から関わらせることで、職員一人一人が重点目標の意義や価値を共有し、主体的な経営参画意識が高まってくるのである。そのとき、重点目標が一年間で達成できる短期的な目標であることを考えると、より焦点化して表現することが望ましい。また、目標の達成度を具体的に評価できるように評価指標や評価方法を明文化し、全職員で確認する機会を設定することが大切となる。

二点目は、目標と教育活動のつながりの再吟味である。二〇一三年にOECDが実施した「国際教員指導環境調査」（TALIS）の結果によると、日本の教員の一週間の勤務時間は加盟国中最長であり、改めて日本の教員の多忙さが浮き彫りとなった。しかし、教育活動の中には、前例踏襲という大義名分を得て連綿と続いているものがないだろうか。時代や社会の変化とともに新たな教育課題が次々と生まれ、現場でそれに対応する教育活動に取り組むことを考えると、どこかで現在の教育活動を見直し、絞り込むことが大切である。そうすることで、限られた時間と人員を真に必要なことに集中させることができる。そのために私は、重点目標と教育活動とのつながりを可視化することと、校務分掌の反省を基にした教育活動の総点検を行うことの二点が大切であると考えている。

まず、つながりの可視化については、各校務分掌が運営する教育活動の提案文書に、重点目標達成に向けた価値を明記させたい。この手続きを踏ませることで、担当分掌では、その教育活動の価値を重点目標から再認識するとともに、価値を踏まえた教育活動の内容や仕組み方を吟味することにもつながっていく。次に、教育活動の総点検については、教育活動実施後に重点目標の達成度を検証させ、成果と課題を踏まえた改善策を担当分掌で検討させたい。そして、学期末反省会では来年度の実施計画を提案させ、教育活動を点検していくのである。ここで留意しておきたいことは、効果の検証が子どもの姿でなされることである。教育活動の効果は、子どもがいかに重点目標に近付いたのかで評価すべきであり、運営上の効率などにすり替えられないようにしたい。また、総点検の時期は、多忙な年度末は吟味する時間も職員のモチベーションも乏しいことから避けた方が賢明である。やはり、新鮮な記憶と高い意識のある期間に実施することが望ましい。

三点目は、組織運営の再吟味である。かつて、経営学者のピーター・ドラッカーは、知識労働者をモチベートするには、「組織の使命と目的と、その中で自分が果たすべき役割と職務内容が明確であること」と説いているが、至言であると思う。全職員が高いモチベーションで教育活動に取り組む組織を作り上げていくことは、運営上の最重要課題である。そのために私は、役割と責任を明確化すること、互酬性（持ちつ持たれつ）を高めることの二点が大切であると考えている。まず、役割と責任の明確化については、例えば重点目標に対応したプロジェクトチームを編成し、その中で遂行する教育活動ごとに5W1H（いつ、どこで、だれと、なにを、なぜ、どのように）を明確にしていくとよい。単に担当者を分担するに止まらず、仕事内容や大まかなスケジュールまで見通しをもたせることで、一人一人の責任感や主体性が高まってくる。

次に互酬性を高めることについては、プロジェクト内でリーダーやサブリーダーを決め、協働的な運営となるようにするとよい。互酬性とは、お互い様や持ちつ持たれつの関係のことである。米国の政治学者のR・パットナムは、コミュニティにおける人々のつながりを社会的に蓄積可能な資本（社会関係資本）ととらえ、つながりや絆がコミュニティーの効率性を高めることを説いている。そのとき指標としたのが、相互信頼、互酬性の規範、社会的ネットワーク活動であった。つまり、プロジェクト内にリーダーやフォロワーを決めて互酬性を高めることで、組織の活性化が期待できるのである。

3　学校評価を機能させる

これからの教育課題に挑む学校経営を活性化する上で、教育課題を見極める目標設定、目標から見た教育活動の焦点化、目標達成に向けた組織づくりについて述べてきた。これらは、マネジメントサイクルで言えば、R（調査）V（展望・構想）P（計画）D（実施）に関わる工夫である。ここでは、C（評価）A（改善）を活性化する学校自己評価（以下、自己評価）について述べてみたい。今や学校評価は学校教育法に規定されており、自己評価については、実施、結果の公表、設置者への報告が義務付けられている。また、学校関係者評価や第三者評価についても、自己評価に基づき実施することが求められており、そのような意味から自己評価は、学校の評価、改善の起点となる重要な機能をもっている。しかし、自己評価が形骸化し、十分に機能していないということも時折、耳にする。では、どのようなことに留意すればよいのであろうか。私は、評価指標の在り方と改善に向けた共通理解の場の設定が重要であると考えている。まず、評価指標の在り方については、成果指標と取組指標の一体化が必要であると考える。どちらかに偏ると因果関係が明確にならず、改善の内容や方法が見えにくくなる。前項で述べた目標と達成に向けた教育活動のつながりを整理する段階で自己評価項目を絞り込み、各取組指標にその活動を通して目指す具体的な成果指標（子どもの姿）を設定すると因果関係が明確になる。次に、改善に向けた共通理解の場の設定については、成果と課題を共有するとともに、改善策を明確にしていきたい。そこで、自己評価表には改善策を記入できる欄をつくり、広く職員から募る。その上で、担当分掌からも改善策を提案させ、全職員で決定する。明確な評価に基づき、全職員で決めた改善策は、徹底する可能性が高まることは言うまでもない。

三　おわりに

「不易と流行」という言葉は、江戸の俳人松尾芭蕉が残した言葉とされるが、両者の根本は一つであると言っている。今後も時代や社会の変化とともに、新たな教育課題は次々と学校に降りかかってくる。しかし、芭蕉の言葉を借りるならば、教育課題の不易と流行は、その根本をとらえることでおのずと取り組むべき課題が絞られてくるはずである。

これからの教育課題に挑む学校の校長として、確固たる教育理念をもち、学校の活性化に向けた指導性の発揮が求められている。

実践事例

1　義務教育学校の効果的な運営に挑む学校経営

どこよりも早く明日の教育に出会える学園を目指して

茨城県つくば市立春日学園《かすががくえん》義務教育学校長
片岡　浄

〈本校の概要〉

本校は、つくば市の中心部に位置し、平成二十八年度から「つくば市立春日学園義務教育学校」と名称が変わった。児童生徒数は、九月一日現在千八百五十六名である。本校は、一～九年生までが一つの校舎で学んでいる。

本校の教育目標「未来を拓き、社会に貢献できる人材の育成」の具現化に向け、平成二十七・二十八年度文部科学省教育課程研究指定校として、デジタル思考ツールの開発研究に取り組み、児童生徒が二十一世紀に必要とされる資質能力の育成に努めている。その中核として研究・実践を進めているのが、デジタル思考ツールを活用した「論理的思考力の育成」である。

一　はじめに

小一プロブレム、中一ギャップによる不登校の増加、学力・学習意欲の低下、自己有用感を無くした児童生徒、これらは六・三制の弊害として問題になっている。つくば市では、これらの課題を解消するため、平成十九年度から小中一貫教育に取り組んできた。

本校は、開校五年目になるが、五十年先に世界に貢献できる人材や、必要とされる人材の育成をテーマとして、先進的な教育を積極的に推進している。

しかし、これまで、校内研究テーマを進めるに当たり、職員一人一人の取組に温度差を感じることがあった。また、一斉授業から脱却できない教員もみられた。学校全体で授業改善の視点を考えることもなかった。結果として、児童生徒の充実した学校生活につなげることができなかったと省察《せいさつ》している。

そこで、本校の特色を生かし、一斉授業からの脱却を図り、論理的思考力の育成を図る探究的・協働的な学習活動を目指す教員集団にどのように育てていくかが、学校経営上の最重点課題であると考えた。

二　課題解決を目指す経営戦略

1　学校経営ビジョンの共有化

研究主任と管理職・教務主任との経営方針会議は年度末に頻繁に開かれ、次年度の方向性やそれを進めていく組織について検討した。新年度四月、研究部員が中心になって、本年度どのような視点で授業改善を図っていくか、全職員対象にした校内研修の中で、

㋐　児童生徒の主体性を高める課題を提示すること
㋑　思考スキルを活用して学習のねらいに迫ること
㋒　ＩＣＴ（情報通信技術）機器を活用して考えを深化させること

の三点が提案がされた。それに加えて、普段の授業の中で、問題点を見つけて解決していこうとする学習や、話し合いの方法を学び協働で考えを深めていこうとする学習などの必要性が話された。

また、私から現在課題となっている授業について話をした。本校で今年度研究している内容は、今企業で求められている力であること、単に知識や技能を身に付けるだけの学習ではいけないこと、これからの児童生徒が、社会で起きている問題を協働して解決していく際に必要になることを説明し、研究の意義を共有した。

2　一人一人の指導力向上に向けて

(1)　研究部員会と校内研修

研究部員会（対象：校内研究部員、月四〜八回）では、各学年の校内研究部員（合計十名）が集まり、校内研究テーマの推進について意見を交わす。

本校の特色として、研究部が希望研修ウィークを設定して、授業力アップ研修（全職員対象、年間三〜四回）を実施している。放課後に希望者が一時間程度、模擬授業型の研修に参加する。講師は同僚が行う。内容は、ＩＣＴ機器活用の仕方や思考ツールの使い方、協働的な学習をどのように進めていったらよいか等である。

学年の研究部員による学年研修会（各学年職員対象、月一〜二回）も開かれている。ここでは、研究部員会で

話し合われた課題や、校外の研修会で勉強してきたことを報告し合っている。

(2) 論理的思考力の育成と授業改善

平成二十六年度から一～六年生において、思考スキル(考える方法)を習得する特設の「考える時間」を年間十時間実施してきた。平成二十八年度は、さらに七～九年において、思考スキルの活用を目指した「考える時間アドバンス」を実施して論理的思考力の育成に向けて研究を進めた。研究に当たっては、九年間の連続した学びを意識した。

これらの授業の中では、八つの思考スキル(①比較する②分類する③関連付ける④多面的にみる⑤推論する⑥分析する⑦評価する⑧構造化する)を抽出し、スキルの習得・活用を通して、論理的思考力を育んでいる(左図)。

思考スキルと思考ツール(一部抜粋)

思考スキル「比較する」
思考ツール「ベン図」

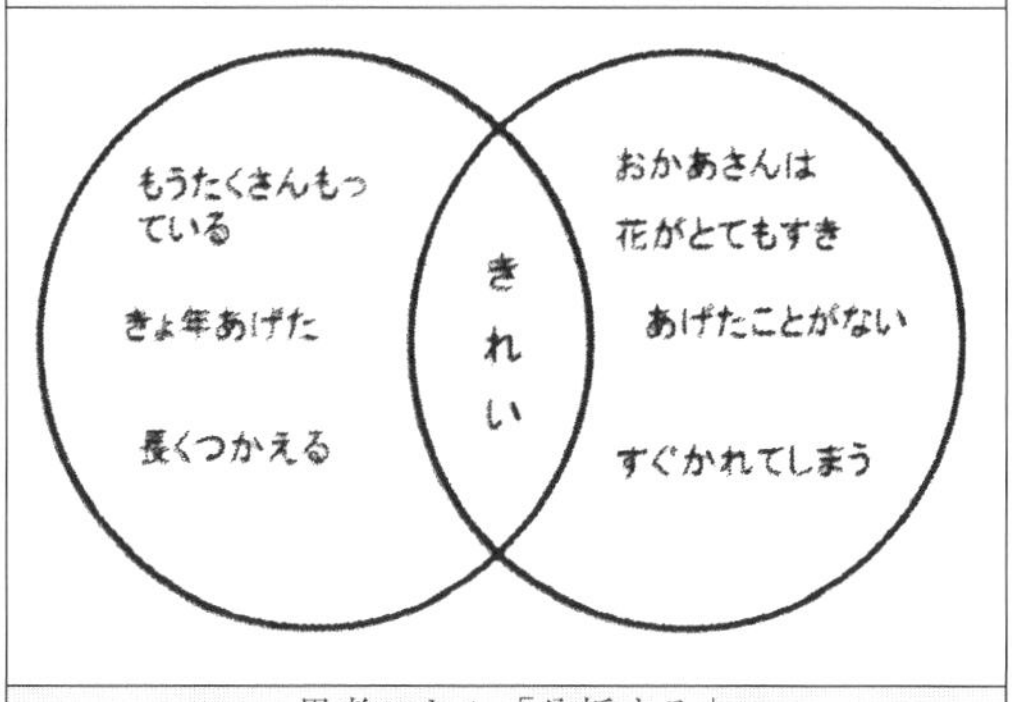

思考スキル「分析する」
思考ツール「ボーン図」

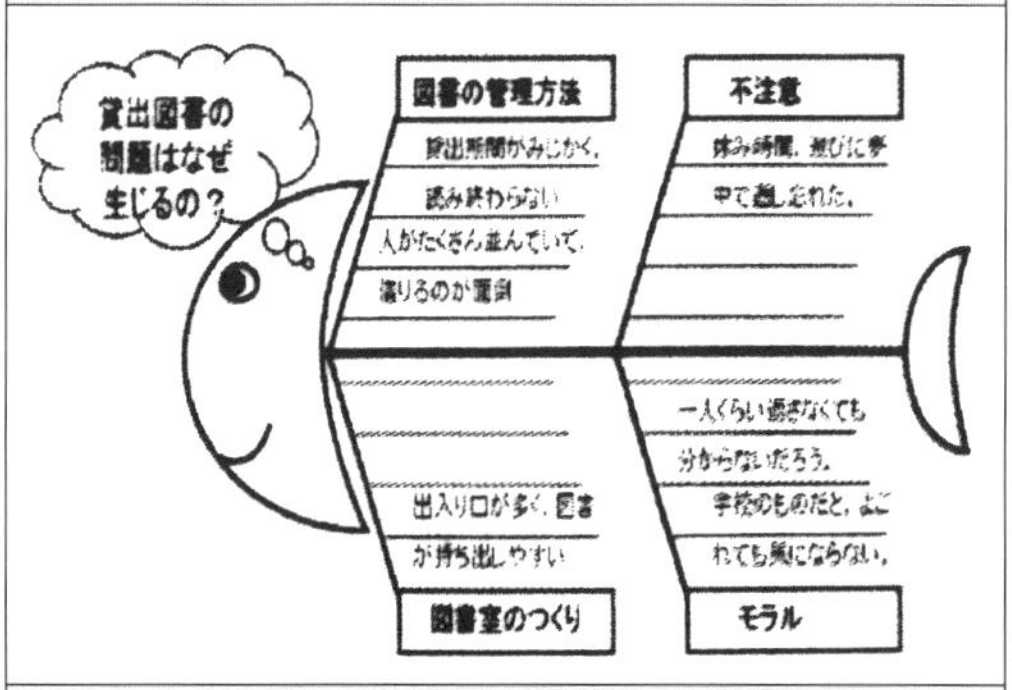

思考スキル「構造化する」
思考ツール「ピラミッドチャート」

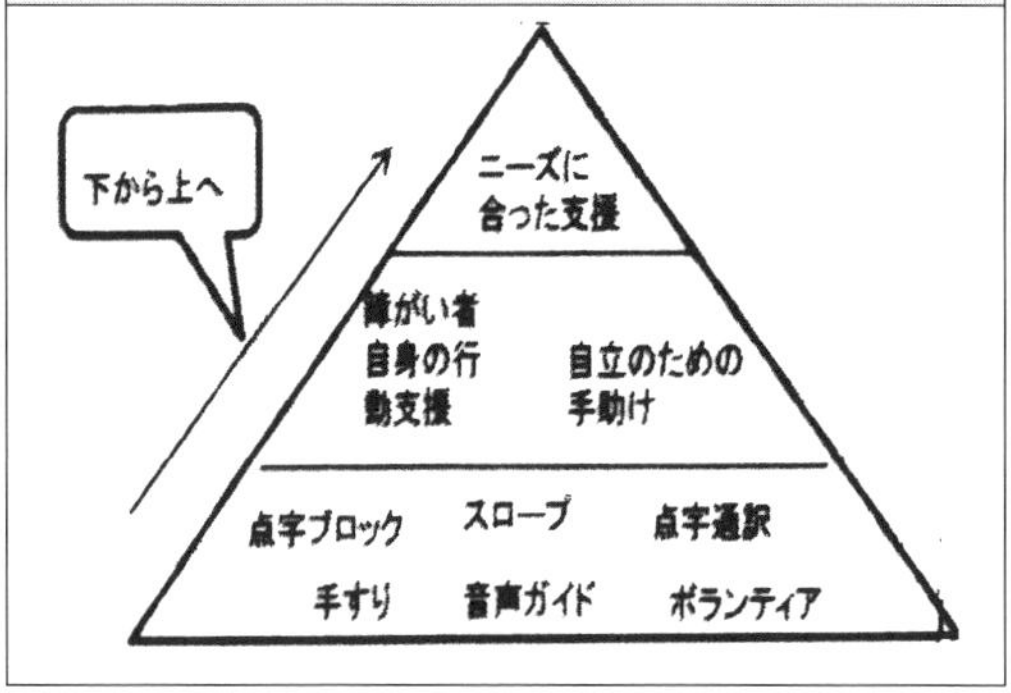

ICT機器を活用して

また、思考スキルと合わせて、自分の考えを筋道立てて伝えるために論理語彙の活用と習得を目指している。

(3)　ICT機器の活用

思考ツールをデジタル化し、可視化することで、個々の考えを他の児童生徒が共有し、更に良い考えを創り出す学習に転換するように進めている。協働的な学びを有効にしていくため、ICT機器の活用を積極的に進める必要がある。

3　義務教育の概念の見直し

(1)　教科担任制の導入

教師の専門性が生かせるように、第五学年以上の学年では、全て教科担任制を導入して、小中の壁なく授業を行っている。本校では、小中学校両方の免許を取るよう勧めている。小中の免許がある教員については、本人の適性を見極め、本人と話し合いの末、小中関係なく学年配置を行っている。

(2)　つくばスタイル科の実践

環境・キャリア・歴史文化などを学習内容として、「つくば次世代型スキル」の習得を目指した発信型プロジェクト学習を実施している（総合的な学習の時間に替えて実施）。また、教科の目標に留まらず「つくば次世代型スキル」に示されている資質・能力を、全教科で実践している。

また、義務教育学校としての特色を生かし、八年生が一年生にコンピュータの使い方を教えたり、プレゼンテーションのやり方を見せて具体的に指導したりする異学年交流学習を、年間定期的に実施している。十月には、全児童生徒が参加して、校内プレゼンテーションコンテストを実施し、優秀なグループを本校代表として、市内コンテストに出場させている。

(3)　ミドルリーダーの育成と人材育成

これから学校を支える若手中堅の職員を学年主任に起用し、学年間の調整をしたり、学年主任の相談役となったりする小中一貫コーディネーターとして学年主任経験者を配置している。全職員に学年学級・教科経営において、個人の目標を具体的にもたせ、九年間の連続した学びを意識した目標になるよう助言指導している。

三　経営戦略に基づく取組と教職員の変容

1　学校経営ビジョンの共有化

(1)　学校の経営課題把握と共有化

職員が、新しい教育活動を提案するに当たって、なぜ新しい教育活動が必要なのか、新しい取組をすることによって、どのような成果が期待できるのか説明して、職員会議に提案するようになった。

例えば、児童生徒会でいじめ防止フォーラムを開き、自主的な活動の場を設定するようになった。また、遠足や修学旅行の場所や内容を、目的や発達段階に応じて、大きく変えた。長年の広島県での活動から、京都大学での大学生対象の体験講義にチャレンジした。本来生徒にどのような力を身に付けることが必要か、協議の中心において話し合いが行われるようになった。また、不登校児への対応も丁寧になり、児童生徒の心に寄り添った対応がとれるようになった。関係する職員がケース会議を開き、丁寧に分析や対応策の検討が行われるようになってきた結果、本校の不登校は、０人となった。

(2)　授業改善の成果

授業の課題提示の工夫が、本校の課題の一つであった。最近の校内授業研究で提案される内容は、児童生徒の学習意欲を引き出すような課題が、多く目につくようになってきた。学習課題を学年職員で開発しようとする姿勢が、目立つようになってきた。

授業の展開も、従来の一斉授業から、思考ツールを使ったり、ＩＣＴ機器を活用したりしつつ、答えを出すまでの過程を大切にする授業が多くなってきた。話し合い活動の充実であったり、思考ツールを囲み、どのように考えたかということに焦点を当てた授業が、多くなってきた。成果として、全国学力・学習状況調査では、全教科のＢ問題で、全国平均より二〇ポイント以上、上回った。児童生徒の正答率を見ると、表現したり自分の考えを伝わるよう工夫している生徒が多く、授業に充実感をもって、取り組んでいる状況がよく現れてきた。

2　教師の意識の変容

教員との面接の中で「学年で自分が生かされていることを実感している」という言葉が聞かれるようになった。勤務している学校や学年の中で、自己有用感をもって授業に取り組んでいる教員が多くなってきたと言える。

筑波大学からは、論理的思考力や小中一貫教育への専門的助言をもらっている。また、一般企業である「さわかみファンド」からは、経営において思考スキルをどのように活用しているか、指導助言をもらっている。このような外部機関との連携により、教員は、社会で求められている資質能力を実感し、自己の指導法について、従来の授業を反省し、論理的思考力の育成を図る探究的・協働的な学習活動を目指す授業ができるようになってきた。

職員研修

四　おわりに

校長として、教員を「学習する教員集団」に変容させていくためには、意欲付けを図り、各々がもつ能力をどのように生かし、見いだしていけるかが必要であることが分かった。

①校長として、各教員が、直接関わる個別の課題の把握ばかりではなく、学校全体の課題を把握・理解し、それを有効に変えていくための方法を教員自ら考えるように指導・助言していくことが大切である。

②各教員が思考ツールやＩＣＴ機器の有効な活用方法を身に付け、指導力向上の支援は、本校の教員組織の活力を生み出し、「学習する教員集団」の基盤となるであろう。

③校長は、これまでの学校の文化の中にある固定化された概念から、義務教育九年間の連続した学びのあるべき姿を客観視し、時代や環境の変化に応じた考え方を柔軟に転換していくという発想が必要になる。

④校長が考える経営ビジョンを、職員と共有化するこ

とは重要である。その必要性を職員が共感できるならば、教員は自ら学び、学校運営で個々が力を発揮し、学校経営の具現化に向けて行動する。

⑤本校の教員は、はじめから優秀な教員ばかりがそろっていたわけではない。よい成果をどうやったら生むことができるかを、教員は、自ら学んでいった。

本校では、四・三・二制を導入し、積極的に思考ツールやＩＣＴ機器の活用、教科担任制や異学年交流活動など、本校ならではの特色ある教育を行ってきた。各教員が、自ら授業力を向上させようとする集団に育ってきた。五十年先の新しい学力を育む教育を目指し、これからも〝学習する職員組織〟は、歩み続ける。

〈参考文献〉

『学校づくりの組織論』佐古秀一・曽余田浩史他　著
学文社　二〇一六年

2　クリティカル・シンキング（批評的思考）の充実に挑む学校経営

先取の取組で魅力を発するへき地・小規模校教育

東京都西多摩郡奥多摩町立古里《こり》小学校長
花　輪　潤　一

〈本校の概要〉

本校は、東京都の西端部の山間部に位置する奥多摩町にあり、児童数七十四名、学級数七学級の小規模校である。明治六年に開校し、平成二十九年度で創立百四十四周年を迎えた。

本校の教育目標「いのちを大切にして共に輝き生きていこう　かしこく　なかよく　たくましく」を具現化し、「児童が自信をもち、将来への夢に向かう意欲が高まる学校」を目指す学校像として教育活動に取り組んでいる。

平成二十三年度より東京都言語能力向上推進事業校として三年間、また平成二十六年度東京都言語能力向上拠点校として「互いに伝え合い、学び合う児童の育成」をテーマにクリティカル・シンキングを取り入れた指導法の工夫に取り組み、研究を進めてきた。

一　はじめに

全国的に少子高齢化の進む中、本校がある東京の奥多摩町も例外でなく、急速に少子高齢化が進んでいる。人口減少に悩み、子育て世代を増やし、地域の活性化を図ることが大命題になっている。町の学校として、地域の特性を生かし、小規模の学校ならではの良さ・工夫をより明確に活用することで教育効果を上げ、学校の魅力を上げていくことが望まれている。

本校では、保護者や地域の願いを踏まえつつ学校の教育目標を具現化するため、毎年の研究発表を学校の特色としている。積極的に都や町の研究指定校や研究推進校の指定を受け、先進的な教育課題に照らし、児童の学習への課題意識を高め、自ら課題を解決するために必要な力の育成に重点を置き、研究を進めてきた。数年前からは「進んで課題解決に取り組む児童の育成」―クリティカル・シンキングを取り入れた指導法の工夫―を研究主題とし、授業における言語活動の充実を研究の中核に据え、一時間ごとの授業改善を目指して研究を進めている。

小規模校ならではの特色を生かし、町の中から外から教材を求め魅力的な学校づくりを目指し、運営活性化のための経営を進めている。一つは特別支援教育推進であり、もう一つが校内研究の充実である。ここではクリティカル・シンキングを主題に、校内研究を通して学校の魅力を向上する実践について述べる。

二　教職員の意欲を引き出す学校経営

1　クリティカル・シンキング（CT）とは

クリティカル・シンキング（CT）とは一般に「批判的思考」とされる。本校では、物事を否定する方向で考察することではなく、「物事を多様な観点から考察する力」「ことの是非を見極め、より良い選択肢を模索する力」ととらえ、「批評的思考」の方がより適切と考えた。文部科学省の目指す「自ら課題を発見し解決する力」「様々な情報を取捨選択できる力」、つまりアクティブ・ラーニングの基礎になる思考である。

2　学校経営目標の共通理解

「児童が自信をもち、将来への夢に向かう意欲が高まる古里小」これが本校の経営方針の学校像である。その中には児童の姿もあるが、教職員一人一人が自信をもって意欲的に活動する姿も描いている。居場所がある、自分に自信をもつ、誰かの役に立っている、自分の力が伸びている、人間関係が楽しいと感じる。これらのことの大切さは児童も大人も同じである。校長として学校の向く方向として、教職員にその意義や方向を説明し共通理解を図った。

子どもたちは、本来、向上心をもち知識・技能・能力・態度を身に付けようと学校に来る。学びの楽しさ、醍醐味を気付かせること、そのことにより、児童の学習意欲や強い心、人に貢献する喜びや、チャレンジ精神を高めていく。学校で最も大切なことは、児童に、「学ぶ場」であるということ、児童に、日々の学習や体験が将来の自分にとってどういう意味があるのかを、小学生なりに理解させること。そのために教育を充実させることが必要である。そこから「子ども自身が学ぶ」という学校の機能を最大限に発揮するということを理念の基本に置いた。

3　地域における学校文化の発信の必要性

学校は、子どもにも保護者にも魅力的なところであることを常に考えていたい。奥多摩だから、少人数だからできることを充実し、先取の精神で学びの質を深めることを本校の学校文化とする。「この学校に通わせたい」とそう思える学校像を目指す。そのための校内研究の充実である。

郷土を愛する心は、郷土で過ごした良き体験、共に育った仲間を通して育まれるものである。学校教育の目標を具現化していくとともに地区の保護者、地域の方々の願いやニーズを的確につかみ、保護者、地域の協力の下、「郷土の中で育つ自分っていいね」の心を育むことは大事である。

4　研究を通した学校力の向上を目指して

校内研究の充実を学校経営の中心に据え、その有意性を共通理解した上で教育活動を推進することにより、職員の職務に対する意欲や志が高まり、授業力、地域貢献力等の力量向上を進めることができると考えた。その結果、おのずと児童が自己肯定感を高め、夢をもち、将来への希望に向かい生きる意欲が高まる教育が実現につながるとした。

三　クリティカル・シンキングを取り入れた校内研究の実際

1　基本方針

①研究主題・副主題を設定し、授業研究を通して検証を行い、教育活動の改善を図る。

②ＯＪＴなどの時間を生かし、校外での研修について報告し合ったり、自分の専門分野の実践を紹介し合ったりして、職員間の学び合いや研修内容の共有化を図る。

③子どもに力を付けるためには、その場限りではなく、「積み重ねること」が大切である。全教員が同じ方向を向いて、共通の意識をもって指導を続けていくことで徐々に子どもに力が付いていく。

④研究成果・教育実践を積極的に公開発表し、地域・家庭に本校の教育の在り方を積極的に知らせるとともに、教育活動への理解を図る。研究発表会として発表する。

2　校内研究のねらいと研究主題及び副主題

①校内研究は、教育目標・児童の実態・教師の願い等を

基に設定した研究主題の追究・実現がねらいになる。

そのために授業研究を中心に据えて研究に取り組み、教職員の指導方法の改善や指導力の向上を目指す。

②本校はこれまで十年間にわたり、〝課題意識が学びを創る〟を基本テーマに、一単元・一単位時間において、課題をつかむ―課題に対する考えを深める―学習をまとめる―という三つの学習の過程の中で、「つかむ―理解する―交流する―まとめる」という学習サイクルを探究してきた。その結果、学習への課題意識を継続して高め、自ら進んで課題解決に取り組む姿勢が多く見られるようになってきた。「言語活動の充実」を目指し、学習に「書く」活動を効果的に取り入れたり、「クリティカル・シンキング」を取り入れたりすることで、言語活動の質の向上を目指してきた。今後の課題は、これまで身に付けてきた力を生かして言語活動の質を更に高めていくことである。そのために、学校経営方針の中の「クリティカル・シンキング」を積極的に取り入れた授業づくりを更に充実、発展させていく。

③上記のことを基に、研究主題はこれまでの成果を踏まえ、「互いに伝え合い、学び合う児童の育成」とし、言語活動の充実を一層追究していくために、副主題を「クリティカル・シンキングを取り入れた指導法の工夫」とし、引き続き全ての教科・領域での授業研究に取り組んでいく。具体的には、各教科・領域のねらいを達成するために

○「クリティカル・シンキング」の要素を取り込んだ学習活動を開発する。

○書いたことを生かして子どもたちが課題解決に向かうための指導法の工夫をしていき、その方法と効果を検証する。

④クリティカル・シンキングについて

(1)　クリティカル・シンキングを支える三つの要素

（平成二十五年東京都多摩地区教育推進委員会報告書より）

1．多面的・多角的な視点（ほかに考え方はないか） 2．論理的思考　（筋が通って分かりやすいか） 3．メタ認知　（本当にこれでよいか）

（　）内は内言例

「物事を多様な観点から考察すること」
「論理的、かつ構造的に考察すること」

(2) なぜクリティカル・シンキングを取り入れた授業が必要なのか?

・話し合うこと、発表することが目的になってしまう
↓「聞く」こと、反応を意識する
・自分の考えがどう変わった(強化された)のかが曖昧なまま↓まとめの書かせ方の工夫
・学習内容に深まりが見られない↓「練る」ことを意識する
・人に伝わらない↓独りよがりな考えだと気付かせる、人に伝えることを意識させる

(3) 言語活動の質を向上させていく実態改善の方策

方策ア:「書く」活動を充実させる(論理的に考える)
方策イ:豊かな読書活動(知識を得て、多様な見方、考え方をもつ)
方策ウ:「考える」「表現する」習慣
(考えをもつ、スピーチ、アドリブ力)
方策エ:「伝え合う」「学び合う」場面の設定、振り返りのさせ方

(4) 具体的な手だて

・カラーサインカードを使っての交流活動
・課題の設定の仕方(単元を貫く課題意識)
・「今日のめあて」の提示の仕方の工夫
・子どもが「考えざるを得ない」授業展開
・個↓グループ↓個の学習活動(練り上げ↓個へ戻る)
・対話、話し合いが効果的に入る学習活動の設定
・ペアや小グループで練り上げていく活動の積み上げ
・低学年では、「人の意見を」聞く。それに感想を書くなど、反応を意識した授業

(5) 授業を考えていく際の注意

・教科等の目標を達成するための言語活動である。話し合わせること、発表させることが目的にならないように。
・交流の結果、自分の考えがどう変わったのか、又は深まったのかをしっかりとまとめの部分で振り返らせる。

3　研究の推進

(1)　研究の方法

①児童の学力や意識等の実態についての話し合いを十分に行い、この実態を基に、「古里小の子にどんな力を付けたいか」という共通理解をもって研究を進める。

②研究主題を更に具体化するために、研究副主題・研究仮説を設定する。

③研究主題に迫るため、各研究ブロックを組織し、そこで「指導方法」及び「指導技術」等についての手だてを工夫し、研究主題の具現化を図る。

④授業を通して実践と検証を行い、指導の成果と課題を明らかにしながら、その活動の日常化を図る。

⑤研究授業を全教諭が実施する。

⑥研究発表を実施し、広く意見を求め、研究のまとめをする。

⑦研究のまとめを次年度に生かす。

(2)　実践活動

①「クリティカル・シンキング」の要素を取り入れた学習活動を工夫する。その際、筋道立てて考える力や、論理的思考力を身に付けるために有効な活動を通して、伝え合い、学び合う姿が見られるように工夫する。

○キーワードは「多面的・多角的な視点」「論理的思考力」「メタ認知」である。

児童の内言例：(他に考え方はないか)(筋が通っているか)(ほんとうにこれでよいか)

○できるだけこれまでに身に付けた「書くこと」が生きる活動にする。

○まとめやノートの取り方など、昨年度までの取組を続けていく。

○基礎学力向上プロジェクトを活用し、基礎的な「書く」スキルを身に付けさせる。

工夫の例としては、以下のようなものが考えられる。

・課題設定を工夫する(考えたい、伝えたい、調べたいなどと思えるような課題を)

・反応せざるを得ない学習活動の工夫(発達段階に合わせて)

・何のために「書く」「話し合う」のかをはっきりさせた発問、課題設定

・ペアや小グループで何かを練り上げていく活動の工夫
・思考の変化、学び合いの成果を見取り、評価する工夫
②東京都言語能力向上拠点校として、「言葉による発信力」「美しい日本語を身に付ける」「読書活動」（新聞・雑誌等を含む）をキーワードとして、諸活動の充実を図る。具体的には、新聞を活用した授業、俳句の授業、百字程度の作文の習慣化、推薦図書の選定、ビブリオバトル（書評会合戦）を実施。情報交換をしながら共通理解する。

４ 組　織

(1)　校内研究は、全職員で研究の推進を図る。企画・立案は、研究推進委員会が中心になって進めていく。

―研究推進委員会の主な活動―

①研究の推進
②教職員研修の推進
③研究集録の作成、発表会の企画、運営、研究のまとめ

四　おわりに

世は少子高齢化である。はじめに述べた通り本校のある奥多摩町においても少子化が進み、子どもの出生数が極端に減っている。町の施策でも人口減少、少子高齢化対策を一番の課題として取り組んでいる。町の中に若者住宅の建設など物理的な受け皿を増強することを進めている。

クリティカル・シンキングを取り入れた校内研究の取組は、学習指導要領の改訂の方向と一致する部分が多く、教職員の士気を高め児童の意欲的に学び合う姿に繋がっている。そして、それが転入児童の増加等、学校の良い評判に確実に結び付いてきていることを感じている。

学校として押さえておきたいことは、ここに住みたいという思いは、子どもを育てる世代にとってここの学校で学ばせたいという気持ちそのものだということだ。人口減少に悩む地にあって物理的な受け皿に加え心情的な受け皿としての学校の役目は大きい。このことを忘れずにしっかり受けとめ、今後も教育課題に常に先取の姿勢で学校経営に取り組んでいきたい。

3　多様な評価方法の充実に挑む学校経営

教師の意識改革を目指した多面的評価の工夫

鹿児島県霧島市立宮内《みやうち》小学校長

勝間田　収

〈本校の概要〉

本校は、鹿児島県の中央部にあり、桜島と高千穂峰を校舎三階から望める。また、鹿児島神宮の参道沿いにあり、弥勒院《みろくいん》跡の校庭は、文化財に指定されている。

教育目標「強い心を持ち、たくましく生き抜く子どもの育成」を掲げており、平成二十七年度から二年間、霧島市教育委員会の研究協力校として「自己肯定感を高める指導の在り方」をテーマに、自己肯定感を高める観点及び主体的・対話的な学びのための交流の場の設定、教師の関わりを含めた評価等について研究している。

一　はじめに

本校は、社会環境及び地域・家庭状況の変化による自己肯定感・自己有用感の低下が懸念され、自己実現のための自己指導能力の育成が難しい状況にある。また、自己が認められ、他を認める経験が少なく、「できた」「できない」等の結果の評価が多く、できつつある状況やよりよい状況へ修正しつつあることの認識及び評価を通した自己実現、並びに自立していくための社会とのつながりが課題である。

そのため、学校において、自己肯定感を高めるための適切な評価、声掛け等の指導方法を工夫することにより、児童の自己指導能力を育むことが期待できると考えた。それにより、個と集団との関係性が改善され、社会性の素地が醸成される。このことを社会心理学的な検査等により評価し、学級経営を改善することを課題としてきた。さらには、社会性や規範意識を育成することも期待でき、社会への参画意識を高めることが可能であると考えた。

二　教師の指導観を変革するためのマネジメント

自己肯定感を高めることで、社会のため、他人のために何かしようとする意欲・意識を醸成するための手だてや組織的取組が課題であった。また、教師として、全国学力・学習状況調査及び各種学力検査等での、学校として身に付けさせなければならない義務や結果責任への意識が希薄である。日々の児童・保護者の対応に追われていることを実感させられた。このことから、次のような点を意識させ、授業の評価、学級経営の評価、学級集団の評価を進めることにした。

○授業中の交流の場の評価
○自己肯定感が高まる教師の働き掛けの評価
○授業等のまとめの段階での児童による自己評価
○鹿児島県総合教育センターの開発した『学校楽しぃーと』による学級集団のアセスメント（評価）

このような多様な評価により、学級集団のつながりや人間関係の希薄さをリスクマネジメント的（予防）に把握し、日々の実践の中でソーシャルボンド（社会的な絆）を高めていくことを意識させることにした。

三　教師の自己肯定感を高める学校経営の実践

1　学校としての改革を意識させる評価と改善

教師一人一人に学校経営への参画意識を高め、集団として成長させるためには、校務分掌による役割の積み重ねとしてのキャリア教育の在り方を意識させたい。校訓の「明るく、強く、正しく」を学校教育目標へ具現化し、正義を意識した徳育の面から一本化するために、「強い心」をもつことを基盤にして、生き抜く力の育成につないでいくことにした。

その関連性をグランドデザイン（次頁図表）で明確にし、教師集団のベクトルをそろえるために、学校教育目標の在り方を問うことから始めた。校内の掲示や教室前面の掲示が、担任一人一人の今までの経験や思い、また、児童や保護者との内容が中心であったので、学校としての統一感を指導した。また、学級差に対する危機意識もほとんどなかったため、学校評議員及び外部評価等を生かした指導を行い、P・D・C・Aマネジメントサイク

自己肯定感を高める学習指導全体計画

【子どもの実態】
- 素直で優しい。
- 表現する力が十分でない。
- 新たなことに取り組もうとする意欲が低い。

【地域・家庭の実態】
- 伝統を重んじ，教育活動に協力的である。

学校教育目標

強い心を持ち，たくましく生き抜く子どもを育てる。

目指す子ども像
- ○　明るく　明るく思いやりのある子ども
- ○　強く　　粘り強く健康な子ども
- ○　正しく　自ら学ぶ子ども

日本国憲法
教育基本法
学校教育法
学習指導要領

「自己肯定感を高める学習指導」の目標

他者と関わり合いながら，自分自身の進歩や頑張りに気付いたり友達から認められたりして，自分の価値や他者のよさを実感する子どもを育てる。

教科等における指導

国語	伝え合う力を身に付け，考えを交流する中で一人一人の感じ方に違いがあることに気付いたり，意見を述べ合ったりする。	家庭	衣食住や家庭生活などの内容を学習し，自分の成長やできるようになった自分に気付く。
社会	資料を活用して，比較したり関連付けたりしながら，自分の言葉で説明したり，自分の考えをまとめて伝え合ったりする。	体育	運動の学習で，課題達成に向かってペアやグループで練習の仕方を工夫し，自他のよさに気付いたり，互いのよさを生かした作戦を考えたりする。
算数	日常生活の事柄について筋道を立てて考え，お互いに考えを出し合って学び合う中で，自分や相手のよい点を理解しながら，よりよい考えに高めていくよさを実感する。	道徳	自分を振り返り，伸ばしたい自分のよいところや目標について考える。
理科	互いの意見を尊重しながら議論を深め，予想や仮説に基づいて，協力して真理を追究していく。	外国語活動	外国語を聞いて相手の思いを理解しようとしたり，自分の思いを伝えたりする。
生活	身近な人々と関わったり自分自身の成長を振り返ったりして，かけがえのない自分や支えてくれた人々に気付く。 気付いたことを，言葉、絵、劇化などの方法で表す。	総合的な学習の時間	探究活動に協同的に取り組む活動を通して，互いの視点の共通点や相違点をとらえ，自他のよさに気付く。 相手や目的に応じて，様々な表現方法を身に付ける。
音楽	互いの歌声や楽器の音を聴いて，歌ったり演奏したりして，自他の音のよさに気付く。	特別活動 学級活動 児童会活動 クラブ活動 学校行事	集団の一員として自分の役割を果たし，自分の活動を振り返る。 他者と触れ合うことで，違いに気付き，理解しようとしたり，助け合ったりしようとする。
図画工作	自分の思いを工夫して表現したり，つくりだす喜びを味わったりして，自他の作品のよさや美しさを感じ取る。		

他の教育活動

朝の会 帰りの会	友達のスピーチを反応しながら聞くようにする。 友達や教師が，子どものよかったところや成長したところを紹介する。
日記	「ほめ日記」などで，自分を振り返り，自分のよさに気付く。
スキルタイム	計算力や漢字力など基礎学力の定着のため，プリント等に挑戦し，できるようになる。
計算力・漢字力テスト	計算力や漢字力の定着の度合いを見るとともに，自分の進歩や頑張りに気付く。
大縄大会	学級の連帯感を高めるとともに，やればできると言う成就感を味わわせる。
ボランティア活動	学級や学校に所属感を味わわせるとともに，自分はみんなのために役立っていると言う実感を味わう。

地域・家庭との連携

- 教育相談や家庭訪問，授業参観，学級PTAによる保護者との連携
- 県民週間等による地域との連係
- 学級だよりや学年だよりによる保護者との連携
- 学校だよりや学校ブログによる地域との連係
- 総合的な学習の時間等における高齢者とのふれあい
- 地域での子ども会活動への参加や行事等への協力

ルの機能を生かし、主任としての役割を意識付けることにした。

また、教育課程の実態調査から、その見直しがされないままであったので、年度途中でも修正し続ける方針を示し、具体的な方法の指導を心掛けた。このことにより、短いサイクルでの改善と修正を意識させることができた。

２　児童の自己肯定感を把握し、学級経営の評価を生かす工夫

児童の心理面や学級の社会面を客観的に把握し、グラフ分析する方法として心理検査があり、その中で鹿児島県推奨の方法があったので、共通理解と共通実践により学期ごとに一回実施できるようにした。

この心理検査『学校楽しぃーと』は、鹿児島県総合教育センターが、鹿児島大学教育学部と連携して開発したものである。児童生徒が学校でどのような気持ちや考えで生活しているかを調べるためのアンケートであり、自己肯定感の他、友達との関係や教師との関係、学習意欲、心身の状態、学級集団における適応感などがポイント化され、児童生徒の学校生活での様子を把握することができる。

『学校楽しぃーと』グラフ

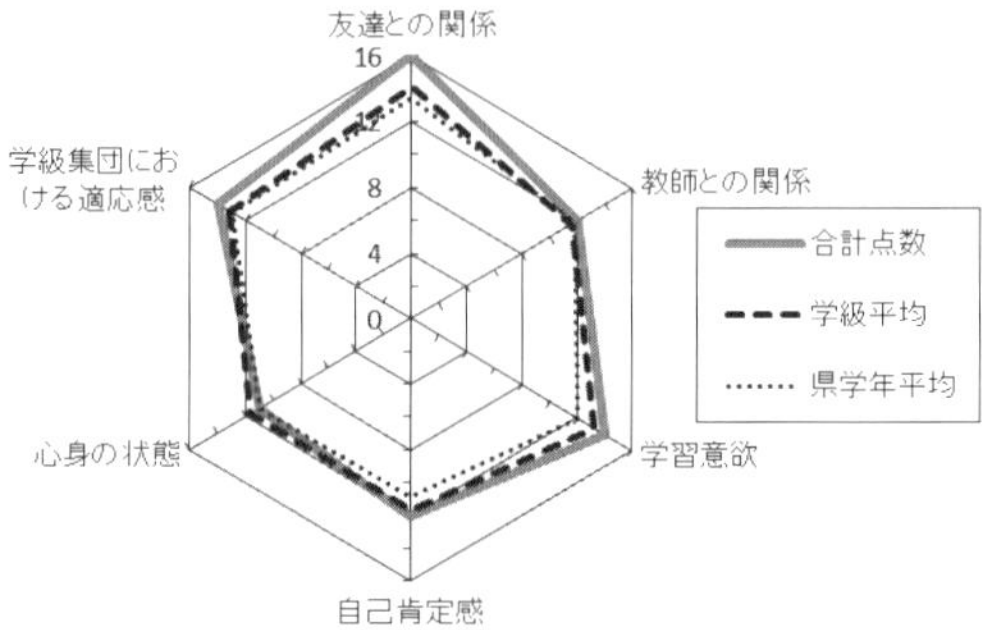

『学校楽しぃーと』を有効活用していく上で、教師はプロフィールから適切な評価と見立てを行うことが求められる。まず、児童一人一人にとって解決すべき問題を明らかにし、それに適した支援方法を見いだすことにある。そして、見付け出した問題点をその児童らしさとして、行動特性や性格の特徴をとらえ、成長支援や発達の可能性を探求する姿勢を心掛けることが大切となる。教師の具体的な関わりが、自己肯定感を高めることにつながるのである。このような実践を重ねることにより、児童を深く見つめ、寄り添い、関わり続けようとする態度が育成される。さ

らに、授業においての声掛けの方法、頻度、内容が検討され、より適切な称賛や方向性を指導することができる。

この段階での問題点は、担任主体の課題把握と保護者対応が常態化するため、学校としての課題の共有・深化及び対応の迅速さについて、管理職のリーダーシップ及び各主任、学年主任の情報共有の在り方が明確化されないことにあった。そのため、各段階での情報を共有化する手だてと短時間での打合せや段取りをその日のうちに指導し、実態→判断→改善→児童・保護者への働き掛けの流れの意識化とマネジメントサイクルの意識化を教師一人一人に指導した。

小中連携　職場体験学習

このことにより、学校教育課題の解決のために、チームとして課題を確認し、実践することの有用性と教師の自己肯定感も高まってきている。
この様な課題へのアプローチの方向性と評価の観点は、幼保・小・中の連携を推進することにもつながり、学校間の情報連携を推進することにより、教師のネットワーク力が高まってきた。さらに、小一プロブレム及び中一ギャップへの対応並びにスタートカリキュラムの充実により、教育実践の評価・改善の充実が図られてきている。

３　組織的な対応を評価し、改善するために

担任による家庭訪問やメール等での「ラポート」（つながりづくり）を中心にスクールカウンセラー等による教育相談へつないでいく。また、霧島市青少年育成センター等との連携により、いじめ問題相談員による家庭との連携も行ってきた。さらには、家庭訪問の方法や内容について、生徒指導支援委員会を中心とした会議を通してチームとして検討してきた。このことを生徒指導主任を中心に行動連携し、改善できつつあることを校長が評価し、声掛けし続けることによって、主任も担任も今まで以上に児童や保護者へ関わることになり、職員室や学校での話題に上るようになり、教師集団として望ましい姿となった。

四　おわりに

授業での多様な評価方法を深め、自己肯定感の高まりを教師が意識することにより、学級経営の改善を図ろうとするＰ・Ｄ・Ｃ・Ａマネジメントサイクルが構築されつつあることを実感している。このことは、研究成果の一つである。さらに、教科教育の中での自己肯定感の高まりを教育活動全体で把握し、家庭教育へ波及する方法等を継続的に推進する必要がある。

校長として自己肯定感を高めることを意識した授業改善やＫＲ情報（結果評価）のフィードバック（Ｃチェック）、学級集団の育成における教師の関わり方について、適切な声掛けを続ける必要がある。更に言えば、校長は、常に評価力を高めるために精進し、自分に厳しく強い心を求め続けなければならない。

あとがき

平成二十八年十二月、中央教育審議会から学習指導要領改訂に関わる答申が出された。そして、二十九年三月、新しい学習指導要領が告示された。それを受けて三十年度からの一部先行実施、三十二年度の全面実施までの期間に、学校として対応すべきことはたくさんある。そのほかにも、学校には、地域や児童の実態に即した様々な教育課題が山積している。各学校の校長は、それら課題を解決すべく、日々心血を注いで学校経営に当たっている。

本研究シリーズは、学校経営の指針を示す書として毎年刊行され、半世紀以上の歴史を誇り、校長の先進的な学校経営の理念とその実践を集録して全国に発信し、広く小学校教育の発展、充実に貢献するという使命を果たしてきたと自負をもっている。

この度、第五十五集を刊行するに当たり、今日的な教育課題、時代や社会の要請、法令等の改正をはじめとする諸制度の改善・充実を踏まえ、大所・高所から構想し、具体的な実践を通した多彩な論文を掲載することができた。編纂に関わられた校長各位に、心から感謝申し上げたい。

また、「新たな知を拓き［生きる力］を育む学校経営」を主題とした本書は、いずれの論文も、社会・地域・児童・保護者等の実態に即し、校長としての明確なビジョンと強力なリーダーシップとに裏打ちされており、学校を経営する者の情熱や意欲が感じられる、学ぶことの多い力作揃いである。

序章では、これからの小学校教育の方向性を踏まえ、主題に関わる提言をいただいた。確かな学力、豊かな人間性、健康・体力に支えられた「生きる力」を育むための学校経営の理念が述べられている。

第一章では、ＯＥＣＤ（経済協力開発機構）から示された、これからの社会を生きるために必要なキー・コンピテンシーに基づいて、学校経営の理念・方針を提言し、実践事例を掲載している。

第二章、三章、四章では、次期学習指導要領改訂を見据え、「カリキュラム・マネジメント」についての提言と実践事例及び道徳教育、外国語活動などこれからの教育課題についての提言と実践事例を掲載している。

各都道府県の小学校長会長の推薦を受けた会員の先駆的な学校経営に資する論文ばかりである。こうした論文をどう受け止め、どのように学校経営に戦略として生かしていくかは、全国の会員の皆様に掛かっている。是非、多くの学校経営に携わる同士に購読していただき、小学校教育の一層の充実・発展につなげていただけることを心から願っている。

結びに、改めて玉稿をお寄せいただいた先生方に感謝申し上げるとともに、各都道府県小学校長会長及び、広報担当者の皆様に感謝申し上げる。

平成二十九年四月

全国連合小学校長会広報部長　今城　徹
同　シリーズ等編集委員長　篠原　敦子

教育研究シリーズ第55集　　編者承認検印省略

新たな知を拓き［生きる力］を育む学校経営Ⅰ

編　者　全国連合小学校長会
代　表　大橋　明

発行者　大平　聡
発行所　株式会社　第一公報社
東京都文京区小石川四ノ四ノ一七
振替　〇〇一九〇―一―一二五五六九
電話　（〇三）六八〇一―五一一八
FAX　（〇三）六八〇一―五一一九

印刷製本　大村印刷株式会社

平成二十九年五月二十四日　第一刷

ISBN978-4-88484-155-3